Crecer con dos idiomas

Guías para padres

Últimos títulos publicados

Una Cunningham-Andersson
y Staffan Andersson

Crecer con dos idiomas

Una guía práctica del bilingüismo

PAIDÓS

Barcelona
Buenos Aires
México

Título original: *Growing Up with Two Languages*
Originalmente publicado en inglés, en 1999, por Routledge, Londres
Traducción autorizada de la edición inglesa publicada por Routledge,
a member of the Taylor & Francis Group

Traducción de Remedios Diéguez Diéguez

Cubierta de M.ª José del Rey
Imagen de cubierta: Stockphotos

© 2007 de la traducción, Remedios Diéguez Diéguez
© 2007 de todas las ediciones en castellano,
    Ediciones Paidós Ibérica, S.A.,
    Av. Diagonal, 662-664 - 08034 Barcelona
    www.paidos.com

ISBN: 978-84-493-2023-1
Depósito legal: B. 24.249-2007

Impreso en Grup Balmes - AM 06. A.I.E.
Av. Barcelona, 260, Pol. Ind. El Pla- 08750 Molins de Rei (Barcelona)

Impreso en España - Printed in Spain

Para Leif, Anders, Patrik y Elisabeth, que nos han enseñado todo lo que sabemos sobre los niños.

Sumario

Agradecimientos

Hemos reunido historias personales de la vida con dos idiomas de unas ciento cincuenta personas y familias de la comunidad de Internet. Han compartido generosamente con nosotros sus experiencias sobre las ventajas y los inconvenientes de vivir con dos idiomas. Podemos aprender mucho de las experiencias de otras personas. Gracias a todos por ofrecernos un episodio de vuestras vidas con dos o más idiomas.

Prólogo

Para aquellos que, como nosotros, crecimos con un solo idioma (excepto en la clase de lengua extranjera), vivir una gran parte de tu vida en otra lengua y otra cultura supone una nueva experiencia. Aunque la segunda lengua sea la aprendida en el colegio, su uso diario implica nuevos retos y satisfacciones. Hay que tener en cuenta muchos elementos dependiendo de las circunstancias: por ejemplo, qué lengua se va a hablar con qué personas y en qué situaciones, cómo van a adquirir las personas implicadas una fluidez razonable en su segunda lengua y qué relación mantendrán con una cultura distinta de la de origen.

Este libro va dirigido a los padres y madres en cuya vida cotidiana intervienen dos o más idiomas. Los lectores que tenemos en mente no forman parte de una comunidad bilingüe establecida en un país; son, más bien, individuos o familias que han dejado su hogar y se han establecido en otro entorno lingüístico, o sus parejas o hijos. Esa situación plantea cuestiones fascinantes: en qué consiste no ser un hablante nativo de una lengua, con pleno acceso a la cultura asociada, y cómo conservar la propia lo mejor posible. No vamos a intentar desvelarte el mejor método para aprender una segunda lengua; nuestra intención es explicar los efectos de vivir con dos lenguas para ti o para tus hijos. Somos muchos a bordo del mismo barco. ¡Aprendamos unos de otros!

La primera edición de este libro se publicó en 1999. Hemos actualizado las partes del texto en las que hablamos de nuestros propios hijos; las secciones relacionadas con niños ya mayores y adolescentes se han ampliado para reflejar nuestras experiencias. Por supuesto, el apéndice que trata de los recursos en la Red se ha renovado por completo. En los años transcurridos desde la primera edición, lo que más ha cambiado es que nuestros hijos han crecido. Leif ya tiene 17 años, Anders ha cumplido 15, Pat tiene 11 y Lisa, 10. Esto significa que estamos en mejor posición para comprobar cómo van las cosas. Y debemos decir que los resultados a largo plazo de nuestra propia aventura con dos lenguas son mejores de lo que esperábamos. Dos de nuestros cuatro hijos, Anders y Lisa, tienen tanto el sueco como el inglés como lengua propia; en cambio, Leif y Pat son muy competentes en inglés, pero su lengua materna es el sueco.

En la medida de lo posible, hemos evitado el uso de la palabra *bilingüe* para describir a los hablantes que aparecen en el libro. Una persona puede tener una educación bilingüe, o una infancia bilingüe, y una familia puede ser bilingüe o vivir en un hogar bilingüe. Esto significa que hay dos lenguas implicadas. En cambio, resulta complicado hablar de individuos bilingües. ¿Cuáles son los criterios para describirlos con ese adjetivo? ¿Tienen que hablar las dos lenguas igual de bien? ¿Deben expresarse en las dos lenguas como si fuesen monolingües? En caso negativo, ¿qué proporción del idioma menos desarrollado tienen que saber para poder ser considerados bilingües? ¿Un recién nacido es bilingüe si sus padres hablan idiomas distintos? ¿Un niño en edad escolar es bilingüe si posee un conocimiento pasivo de una segunda lengua? ¿Un niño es bilingüe si es capaz de mantener una conversación en un idioma extranjero? ¿Puede un adulto criado en un solo idioma convertirse en bilingüe? Si tenemos en cuenta que no existe consenso sobre el significado real de la palabra, su uso no tiene sentido. Por esta razón, preferimos una expresión más neutra: vivir con dos idiomas.

Nosotros, los autores, hemos tenido que enfrentarnos a todas estas cuestiones. Una es una inmigrante que vive en Suecia (nació en Irlanda del Norte), estudiante de idiomas (aprendió irlandés, francés y español en el colegio), estudiante de una segunda lengua (vivió en España durante un año y entró en contacto con el sueco por primera vez en 1980, cuando tenía 20 años) y madre de cuatro niños que, se supone, crecerán con dos idiomas y dos culturas. Staffan está casado con una inmigrante (Una) y utiliza una lengua que no domina del todo (inglés) para comunicarse con ella. Es padre de cuatro niños (los mismos) que viven entre el inglés y el succo.

En muchas ocasiones hemos sentido la necesidad de contar con un manual de consulta. Del mismo modo que tenemos en casa un libro de medicina familiar o uno sobre desarrollo infantil, deseábamos poder encontrar respuestas a nuestras preguntas sobre el hecho de vivir con dos idiomas y dos culturas. Existen libros excelentes que ayudan a padres y profesores a tratar con niños con dos idiomas, como los de George Saunders (1982), Lenore Arnberg (1987) y Colin Baker (1995). Sin embargo, ninguno responde a la gran pregunta de cómo afecta a niños y adultos el hecho de vivir con dos idiomas y dos culturas, y cómo se relacionan esos dos aspectos en esa situación. Esperamos que este libro llene ese hueco.

Para todo el que sienta curiosidad por nuestra historia, nos conocimos el 16 de julio de 1980 en un tren, en Niš (en la antigua Yugoslavia). Staffan viajaba desde Upsala hasta el mar Negro y Una desde Nottingham hasta Israel. ¡Ninguno llegó a su destino! Hoy vivimos con nuestros hijos en Suecia, rodeados de bosques, cerca de Upsala.

Si deseas contribuir con tus experiencias personales para su posible inclusión en una futura edición de este libro o comentar cualquier aspecto del mismo, no dudes en ponerte en contacto con nosotros.

Una Cunningham-Andersson y Staffan Andersson
<liljansberg@swipnet.se>
Liljansberg, Suecia

1

Familias con dos idiomas

Antecedentes

Desde siempre han existido personas que se trasladan de un país a otro para estudiar o trabajar durante un tiempo. La ampliación de la Unión Europea ha provocado un gran aumento en el número de europeos que pasan de un país a otro de la Unión. Además, a los países de Europa Occidental han llegado millones de refugiados que huyen de conflictos en otros lugares del mundo o en la antigua Yugoslavia. En Japón, Corea y Taiwan, así como en puntos de Oriente Próximo, África y Suramérica, existen numerosos trabajadores extranjeros, por lo general casados con ciudadanos del país de acogida. Estados Unidos, Canadá y Australia cuentan con nutridas poblaciones inmigrantes. En todo el mundo hay personas que viven fuera de sus países por muy diversas razones.

Las razones del traslado de un país a otro tienen mucho que ver con los resultados de dicho traslado. La situación de una familia que va a vivir a otro país porque uno o los dos progenitores cambian de trabajo es muy distinta a la de una persona sola que se marcha de su país para formar una familia con alguien originario del país de destino. Y ambas son radicalmente distintas a la situación de las familias de refugiados que huyen de una zona en guerra para ser acogidos en un país en paz. Todos estos inmigrantes tienen puntos en común. Todos tienen que aprender la lengua y familiarizarse con la cultura de su nuevo país, pero es probable que sus expectativas de éxito y del tiempo de permanencia en el nuevo país sean muy distintas. Por tanto, no están motivados por igual para lanzarse a esas nuevas situaciones.

Familias con varios idiomas y matrimonios interculturales

Algunos adultos que pasan a vivir con dos idiomas conocen y se enamoran de una persona con una primera lengua distinta a la suya. En general, dos lenguas implican dos culturas, aunque una pareja puede tener culturas distintas y hablar el mismo idioma: por ejemplo, una compuesta por un miembro estadounidense y otro británico o uno mozambiqueño y uno portugués, o incluso si uno de los miembros procede del norte de Italia y el otro de Sicilia. Este tipo de relación está plagada de posibles malentendidos y expectativas no comunicadas que deben hacerse explícitas precisamente por la inexistencia de un bagaje común.

ELECCIÓN DEL IDIOMA

En general, las familias con dos idiomas encuentran un modo de definir el uso de las lenguas en función de dónde viven y del grado de fluidez de los miembros de la pareja en el idioma del otro. Así, una pareja francoalemana que viva en Alemania puede que hable francés entre ellos y alemán cuando están con otras personas. Sin embargo, si empezaron su andadura utilizando uno de los dos idiomas (tal vez porque entonces uno de ellos no hablaba la lengua del otro), es posible que les cueste mucho cambiar si llega el momento de hablar el otro idioma. Cuando lleguen los hijos, tendrán que acomodarse en los acuerdos lingüísticos de la pareja.

Ejemplo

Una estadounidense y un sueco se conocieron cuando ambos estudiaban en Alemania. Empezaron hablando alemán. Después de casarse y trasladarse a Suecia, empezaron a hablar en inglés. Cuando la mujer comenzó a aprender sueco, quiso hablarlo con su pareja, cosa que todavía hacen (alternando con inglés en función del tema de conversación). Cuando nació su hijo, cada uno le hablaba en su lengua materna.

Nuestra historia ocurrió así: Una (de Irlanda del Norte) conoció a Staffan (de Suecia) durante un viaje por Europa del este. No tuvimos más elección que hablar en inglés, nuestra única lengua común. Más tarde, cuando Una se trasladó a Suecia y aprendió sueco, continuamos hablando en inglés debido a nuestras reticencias mutuas a comunicarnos en sueco (aunque Una hablaba sueco mejor que Staffan inglés). Con nuestros hijos utilizamos nuestras lenguas maternas.

Al margen de lo que decida la pareja que convive con dos idiomas en cuanto a la organización de su sistema lingüístico, uno o los dos miembros utilizarán, en algún momento, una lengua que no es la suya. Se enfrentarán a la tarea de hablar y escuchar a una persona que, probablemente, no domina del todo el idioma empleado. Por supuesto, la pareja se acostumbrará sin problemas a este sistema y dejará de percibir un acento extraño o una gramática errónea en el otro. Sus hijos, en cambio, se lo pasarán en grande corrigiendo los errores de sus padres, si es que no les avergüenzan.

En cierta medida, el hablante no nativo aprenderá del nativo, pero en la mayoría de las parejas, la corrección lingüística no tiene cabida a efectos de comunicación. No hay muchas personas dispuestas a pensar en la forma gramatical correcta cuando se trata de planificar la compra para la cena, y mucho menos desean ser corregidas por sus parejas. El aprendizaje que se produce consistirá en absorber las formas correctas utilizadas por el hablante nativo. Sin embargo, si el hablante no nativo no se siente motivado para mejorar porque cree que con lo que sabe ya se defiende bien, se quedará en el mismo nivel (irá aprendiendo algo de vocabulario nuevo). Es lo que se conoce como «fosilización».

En algunos casos, puede ocurrir que uno de los miembros de la pareja muestre un total desinterés por aprender el idioma del otro. Si no tienen hijos, esa actitud puede no suponer un problema: los dos hablarán la lengua mayoritaria u otra lengua común. Si tienen un hijo y el progenitor con la lengua minoritaria desea hablar con el recién nacido en su idioma, es posible que el otro miembro de la pareja se sienta desplazado. Esa situación podría proporcionar la motivación necesaria para aprender la lengua en cuestión, o bien convertirse en una gran fuente de tensión familiar e incluso frustrar todos los planes de exponer al niño a los dos idiomas de sus padres.

Para los padres que desean hablar su propio idioma con su hijo, puede resultar muy frustrante. Si el otro progenitor no apoya el uso de la lengua minoritaria, será casi imposible convertirla en parte activa de la vida familiar. Los niños detectan rápidamente cualquier señal de desaprobación de sus padres. En algunas familias, el bebé y el progenitor con la lengua mayoritaria aprenden juntos la lengua minoritaria, pero el vocabulario del niño empezará a alejarse rápidamente del de sus padres en torno a los 2 años. Es posible minimizar este hecho si el padre o la madre realizan un esfuerzo consciente para aprender la lengua minoritaria.

Otra opción, que en algunos casos será la única para garantizar que el niño reciba algo del idioma minoritario, consiste en organizar un sistema por el cual el progenitor con la lengua minoritaria hable su idioma con el niño en todas las situaciones, excepto cuando el otro miembro de la pareja está presente.

«Yo recomendaría a todas las parejas internacionales que hagan lo posible por dominar el idioma de su cónyuge o de su país de acogida, y no sólo por su matrimonio, sino también por el bien de los niños. No podemos exigir a nuestros hijos nada que nosotros, los padres, no podamos cumplir. Por tanto, nuestros hijos serán bilingües y biculturales en la misma medida en que lo seamos nosotros.»

(JOHN MOORE, Japón)

«Michael siempre ha corregido todos mis errores (de gramática y pronunciación), me hacía repetir las mismas palabras una y otra vez hasta que las pronunciaba correctamente. Ha sido muy útil, y lo sigue siendo.»

(STEPHANIE LYSEE, Estados Unidos)

«Mi marido y yo somos profesores de lengua, pero hemos descubierto que es mejor no ejercer con nosotros mismos. Kenjiro me corrige alguna vez, pero creo que tiene la precaución de no hacerlo de forma automática, sino que considera el momento, el lugar, la ocasión y, sobre todo, mi estado de ánimo: puede resultar irritante que te corrijan cuando lo que realmente importa es sacar la basura, por ejemplo.»

(ROBIN NAGANO, Japón)

MEZCLA DE IDIOMAS

La mayoría de las personas que viven muchos años fuera de países donde su lengua materna es la dominante experimenta cambios en su modo de expresarse. La consecuencia más obvia es la dificultad para recordar palabras de su primera lengua. Puede ocurrir que, mientras se habla o se escribe en la lengua materna, se intercalen palabras de la segunda lengua. Al juntarse con otros hablantes de la lengua materna que también han vivido muchos años con una segunda lengua, es muy probable que se utilicen palabras del idioma mayoritario cuando parezcan especialmente adecuadas o sólo porque vienen a la mente en primer lugar. Y no olvidemos los casos en que se necesita utilizar una palabra de la lengua mayoritaria para referirse a algo que sólo existe en el país donde se vive. Dado que no existe riesgo de no ser entendido, esta mezcla de idiomas puede convertirse en una característica real de este tipo de habla.

> «Me doy cuenta de que busco palabras, y me siento más cómoda hablando con otros residentes ya asentados que también hablan japonés; podemos mezclar expresiones sin necesidad de preocuparnos.»
>
> (ROBIN NAGANO, Japón)

Con el tiempo, una familia con dos idiomas puede desarrollar su propia mezcla de las dos lenguas. Las razones de este proceso son diversas; una de ellas es que los padres, en algunos casos, encuentran más sencillo evitar palabras de la lengua minoritaria que saben que sus hijos no van a entender, y por eso utilizan la lengua mayoritaria. Por supuesto, si los padres mezclan los idiomas de este modo mientras los niños los oyen, ¡no deben sorprenderse si sus hijos aprenden a hacer lo mismo!

MAMÁ: Let's go and pick some blåbär. (Compárese con «Kom ska vi plocka blåbär» y «Let's go and pick some bilberries», que en los tres casos significa «Vamos a buscar arándanos».)

LEIF (4 años): Först ska jag climba upp, sen ska jag slida ner. (Compárese con «First I'll climb up, then I'll slide down» y «Först ska jab klättra upp, sen ska jag åka ner», «Primero subiré y después bajaré deslizándome».)

Este tipo de mezcla es ligeramente distinta a la que se produce cuando nombres y verbos de una lengua se toman prestados y reciben las terminaciones de la segunda lengua, tal como hacen los niños con dos idiomas en algún momento de su desarrollo. Esta inclusión de palabras inglesas en una conversación en sueco constituye un elemento común del lenguaje empleado en informática, en el envío (*skickar, send*) de mensajes por correo electrónico y en la búsqueda de *sajtur* (*webbplaster,* páginas de Internet).

Nuestros hijos han descubierto que en torno a los 10-12 años, sus amigos suecos monolingües se burlan de ellos cuando utilizan palabras suecas mientras hablan en inglés. Ello ha dado paso a un sistema según el cual el inglés es el único idioma permitido cuando vamos con niños suecos monolingües en el coche y para aquellos que se han criado con ambas lenguas. Este juego resulta divertidísimo. Por supuesto, esta técnica no dará resultado en todas las combinaciones de lenguas minoritarias y países de residencia, pero sí nos funciona en Suecia con niños suecos de 12 años que hablan inglés lo suficientemente bien para mantener una conversación informal.

CAMBIO DE IDIOMA

La familia que vive con dos idiomas puede enfrentarse a un problema adicional si alguno de sus miembros tiene el hábito de hablar la lengua minoritaria en público: la familia puede ser percibida como turista en su propio país. Incluso los hablantes de lenguas minoritarias son capaces, probablemente, de expresarse de manera bastante fluida en el idioma del país en el que viven. Pueden surgir problemas si la lengua minoritaria se conoce razonablemente bien debido a que se aprende en el colegio (por ejemplo, inglés o alemán en Suecia). La familia se arriesga a que los dependientes bienintencionados les hablen en la lengua minoritaria y verse en la incómoda situación de tener que decidir si contesta en la lengua mayoritaria (dejando así en evidencia a los dependientes, que parecerá que han estado escuchando a escondidas) o si continúa la conversación en la lengua minoritaria sin desvelar que también conoce la dominante.

Ejemplo

En general, siempre hablamos en inglés entre nosotros; también en público. Un día entramos en una librería, en Upsala, mientras seguíamos conversando. Nos acercamos al mostrador y Una preguntó por un título (inglés) en un correcto sueco. Seguimos al dependiente hasta la estantería; el vendedor se dirigió a Staffan y le indicó en inglés dónde estaba el libro que buscábamos. Responder otra cosa que no fuese «Thank you» habría sido de mala educación. El dependiente había dado por sentado que Una hablaba en inglés con Staffan porque él no sabía sueco.

«Uno de mis problemas es que no me gusta hablar inglés fuera de casa. Cuando hablo inglés con mis hijos, la gente da por sentado que no sé hebreo (aunque los niños casi siempre me responden en hebreo) e intenta hablarme en inglés. Me saca de quicio, ya que mi hebreo es excelente y no quiero parecer ni sentirme como una "persona de fuera".»

(BARI NIRENBERG, Israel)

COMUNICACIÓN

Dependiendo del nivel de dominio que el hablante de una segunda lengua posee del idioma que hablan sus padres, la comunicación se verá más o menos afectada por la presencia de dos idiomas. Puede ocurrir que los hablantes nativos tengan que utilizar un lenguaje relativamente sencillo para hablar con su pareja. Es posible que surjan malentendidos, aunque los dos crean que el hablante no nativo entiende todo. Ante una pregunta como «¿Me entiendes?», puede que la persona que sabe lo que *cree* que quiere decir el que ha preguntado responda afirmativamente; entonces, el malentendido pasará desapercibido.

Por supuesto, incluso la utilización de un lenguaje sencillo acaba convirtiéndose en un hábito, pero el nivel de conversación no tiene por qué verse limitado. Es posible expresarse de forma sencilla, incluso en los temas más complejos, si ambas partes ponen suficiente interés. Si los padres acostumbran a hablar entre ellos en la lengua minoritaria, los hablantes de la mayoritaria lograrán una gran fluidez en esa lengua (serán capaces de hablar a una velocidad normal y sin titubeos, aunque sus intervenciones tengan acento y estén plagadas de errores gramaticales). Esto facilita la comunicación de la pareja, que así se enfrenta a menos dificultades.

Familias con lenguas minoritarias

Las familias con lenguas minoritarias se componen de dos adultos que hablan el mismo idioma, pero que no es la lengua mayoritaria en la sociedad en la que viven. En cierto modo, se encuentran en una situación mucho más cómoda que la de la pareja que vive con dos idiomas. Tanto si se han conocido en su país natal como en el que residen en la actualidad (o en otro), tienen mucho en común. Forman una isla de la lengua y la cultura minoritarias en un mar de extranjería. Pueden enfrentarse juntos a la nueva cultura y al nuevo idioma y, de vez en cuando, cerrar la puerta y retirarse al interior de un hogar lleno de familiaridad. La situación puede variar en función de las circunstancias familiares y de la razón de su traslado.

Los niños de estas familias distinguen claramente entre la situación de su casa y la del mundo exterior. Una familia que se traslada completa de un país a otro por motivos de trabajo se lleva con ella todo un estilo de vida. Espera funcionar de manera muy similar a como lo ha hecho hasta el momento. Probablemente, sus miembros piensan en volver a su país de origen transcurridos unos años. Su posición no es exactamente la de los inmigrantes que planean construir una nueva vida en el nuevo país, como los europeos que se marchan a Norteamérica, Nueva Zelanda o Australia; se trata, más bien, de residentes temporales. Por lo general, son personas con estudios que trabajan en universidades o multinacionales, como los numerosos americanos y británicos empleados en la industria farmacéutica sueca o en las instituciones y organizaciones internacionales de Bruselas o Estrasburgo. Algunas prefieren mantenerse al margen de la comunidad local en la medida de lo posible y matriculan a sus hijos en colegios internacionales. No se preocupan demasiado de aprender la lengua local, a menos que lo necesiten para su trabajo, y se relacionan casi exclusivamente con personas de su mismo perfil. Se consideran expatriados y mantienen un estrecho contacto con lo que ocurre en su país a través de periódicos, radio o televisión. Tienen claro que viven en el extranjero, y no aspiran a convertirse en parte de la sociedad en la que viven de forma temporal.

INMIGRANTES Y REFUGIADOS

En Europa existen millones de refugiados, personas que huyen de conflictos y desastres. Por lo general, tienen intención de regresar a sus países de origen cuando la situación mejore, pero muchos viven en el exilio más tiempo del que tenían pensado.

En muchos casos, las familias de refugiados comparten el mismo punto de vista sobre su estancia en el país extranjero que las que se encuentran temporalmente fuera de su hogar por motivos de trabajo. Tienen planes de regresar en cuanto las condiciones mejoren, y, por tanto, no les interesa demasiado implicarse en su nuevo país. Llevan consigo su idioma y su cultura. Es posible que sus miembros no se sientan motivados para aprender el nuevo idioma, y en muchas ocasiones sus hijos logran comunicarse mejor y más rápidamente con las personas del país de acogida que ellos mismos. Los adultos de esas familias suelen experimentar enormes dificultades para encontrar trabajo, y si lo consiguen, es poco probable que se corresponda con su formación y su capacidad. Se relacionan casi exclusivamente con personas como ellos y se mantienen informados de la situación en su tierra natal. Por desgracia, las cosas no siempre salen como se planifican. Transcurrido un tiempo, tal vez quede patente que la familia no podrá regresar a su país en un futuro próximo. Es posible que la situación política no haya mejorado, o que sus hijos hayan echado raíces tan firmes que la vuelta a su país se vea como un desastre. En ese punto, la familia necesita mirar con otros ojos su nueva situación en el país de acogida, y quizá dar algunos pasos para mejorar en el idioma y revisar sus perspectivas de empleo. Sin embargo, el solo hecho de que en casa exista una lengua y una cultura intactas garantiza que los padres no se integren en la sociedad del nuevo país. Por supuesto, la situación de sus hijos será distinta. Por lo general, los niños aprenden la lengua y la cultura con gran rapidez, y puede que prefieran y esperen vivir en el nuevo país para siempre.

Ésta es la posición de numerosos refugiados de Chile y otros países de Latinoamérica que viven en Suecia. No esperaban quedarse mucho tiempo y formaron grupos cerrados, de manera que rara vez han tenido necesidad de hablar otro idioma que no fuese el español. Sin embargo, el tiempo ha pasado y no tienen perspectivas de regresar a sus países de origen. Los hijos de los refugiados han asistido a escuelas suecas y han aprendido el idioma; con frecuencia, hacen las veces de intérpretes para sus padres cuando éstos necesitan comunicarse en sueco con las autoridades o con médicos. Finalmente, resulta imposible marcharse de Suecia porque los niños están totalmente integrados. Para entonces, a muchos adultos les parece inalcanzable la posibilidad de aprender sueco después de tantos años: sería como decirles que nunca van a volver a su tierra. En algunos países, como Alemania y Suecia, existen miles de trabajadores inmigrantes llegados desde Turquía, Grecia y otros países durante las décadas de 1960 y 1970, cuando había trabajo para todos y los empleos esperaban a los ambiciosos que quisieran hacer fortuna. Muchos de esos trabajadores regresaron a sus países de origen, pero algunos se establecieron en sus países de acogida. Este tipo de inmigración ha desaparecido casi por completo.

Los ciudadanos de la Unión Europea tienen permiso para trabajar en cualquier país de la comunidad, y los desempleados pueden pasar tres meses buscando trabajo en cualquier punto de la comunidad sin perder sus derechos en su país de origen. Muchos encuentran un empleo a pesar de la elevada tasa de paro en Europa. Otros ponen en marcha su propio negocio y logran ganarse así la vida en un nuevo país.

TRABAJADORES INTERNACIONALES

Si, como suele ocurrir, una familia se traslada a otro país porque el padre o la madre encuentran trabajo allí, el otro miembro de la pareja puede o no conseguir un permiso de trabajo. De todos modos, es poco probable que encuentre un empleo remunerado en el mercado abierto si tenemos en cuenta la elevada tasa de paro. Algunas empresas disponen de programas que ofrecen a los cónyuges un trabajo a media jornada, pero no es muy frecuente. Esto significa que el miembro de la pareja que trabaje conocerá gente y podrá interactuar socialmente, mientras que el otro se quedará en casa, cuidando de los niños. Algunas multinacionales que contratan personal extranjero se toman muchas molestias para que las familias de los trabajadores se integren; otras no hacen nada. Lo ideal sería que la empresa ofreciese apoyo en todo el proceso, con personal local dedicado exclusivamente a facilitar la integración de los recién llegados.

Es preciso investigar los colegios y los jardines de infancia. Es posible que existan colegios internacionales en los que la enseñanza se realice en inglés o en otros idiomas. Sería la mejor opción para los niños si la estancia no se va a prolongar más de dos años. De lo contrario, lo más adecuado sería que aprendiesen el idioma local. Esto depende de la edad y del interés de los niños. Algunos países disponen de sistemas que permiten a los niños cursar sus estudios por correspondencia con el país de origen. Probablemente, la actual tecnología de la información e Internet tendrán mucho que ver en la mejora de esta opción, que resultará más popular en el futuro. Otra posibilidad es que los niños acudan a un colegio local a tiempo parcial, cuatro mañanas por semana, por ejemplo, y se concentren en el trabajo que les envían desde su país el resto de horas lectivas. De este modo, reciben lo mejor de ambos mundos. La empresa contratadora debería informar de estas posibilidades a sus trabajadores internacionales.

Parte de la diversión de vivir en el extranjero radica en el atractivo de conocer otra cultura, y tal vez de aprender un nuevo idioma. Aunque muchas empresas internacionales utilizan el inglés en el trabajo, conocer la lengua local puede hacer que la estancia resulte más enriquecedora, sobre todo para el resto de la familia. Resultaría de gran ayuda para los recién llegados que la empresa ofreciese clases de lengua y cultura locales.

PERSONAL ACADÉMICO VISITANTE

Algunas empresas internacionales se muestran razonablemente interesadas por cuidar del bienestar de sus empleados y asegurarse de que sus familias se adapten lo mejor posible. La situación puede ser mucho peor en otras organizaciones, como por ejemplo en las instituciones académicas. En general, las universidades no se molestan por ayudar a establecerse a sus alumnos y licenciados. Y menos aún a sus familias. En el caso de los profesores visitantes, algunas universidades les ayudan a encontrar alojamiento, pero en general se trata de una operación del departamento correspondiente, no de una organización central.

Que una estancia en el extranjero sea un éxito depende en gran medida de la adaptación de la familia al nuevo entorno. Para la persona contratada, normalmente no existe ningún problema, pero la dificultad de conocer gente en un país extraño puede resultar frustrante para el cónyuge acompañante que intenta hacer lo mejor posible su nuevo papel de ama/o de casa en un lugar que no conoce. Por supuesto, el proceso resulta más sencillo en unos lugares que en otros. Sin embargo, incluso en los países donde la gente es conversadora y abierta, resulta inocente creer que se puede entrar en la vida social del lugar en sólo un par de meses.

Muchas familias que se encuentran en esa situación tienden a centrar su vida social en torno a otras personas con su mismo bagaje lingüístico y cultural. Incluso aquellos que llevan muchos años viviendo en el mismo país descubren que en su tiempo libre se relacionan casi exclusivamente con otros extranjeros, aunque no sean de su mismo país. El mero hecho de ser extranjeros les hace tener algo en común.

2

Esperando un bebé en un hogar bilingüe

Toda pareja espera su primer hijo con cierta inquietud. Nadie sabe con total seguridad si en realidad le gustará ser padre o madre, o si será capaz de hacer lo que más conviene hasta que tenga a su hijo. Para las parejas que viven con dos idiomas se plantean algunas cuestiones más. Deben estudiar detenidamente su situación lingüística y otorgar al bebé un espacio en ella, igual que deben preparar un rincón de su dormitorio para la cuna.

¿Qué deseas para tu hijo?

Ésta es la pregunta más importante que los futuros padres tienen que plantearse. En función de sus circunstancias y de sus planes de futuro, sus escalas de valores serán distintas. Una pareja que piensa quedarse sólo unos años en un país antes de regresar a su país de origen tendrá planes distintos a los de una familia en la que uno de los cónyuges es inmigrante definitivo en el país del otro, o a los de unos padres que desean que su hijo hable una lengua que no es la propia de ninguno de los dos y, por tanto, se introduce de manera artificial. Algunas de las siguientes consideraciones podrían resultar útiles.

HABLAR LA LENGUA DE UN PADRE O UNA MADRE INMIGRANTES

Aunque te hayas casado con un extranjero y te hayas trasladado a su país, es probable que desees que tu hijo aprenda tu idioma y no sólo la lengua mayoritaria. Es suficiente vivir con un hablante de otra lengua: ¡es posible que no quieras criar a otro! Por supuesto, tu hijo aprenderá la lengua mayoritaria, pero no tiene por qué ser a través de ti, al menos en las primeras etapas. Muchos padres y madres que viven fuera de su país creen que hablar su propio idioma con sus hijos forma una parte vital de su relación. Aunque tus conocimientos de la lengua mayoritaria sean elevados, puede resultar difícil hablar a un bebé en esa lengua, cantarle canciones, jugar con él, regañarle y mimarle sin los recursos aprendidos en tu propia infancia.

Sin embargo, si los padres deciden que uno o ambos deben hablar con su hijo en una lengua que no es la suya, pueden hacerlo, aunque es posible que tengan que pagar un precio en la relación en el futuro. Una madre enfrentada a un adolescente rebelde estará mejor equipada para responder a los desafíos en su propia lengua, y tal vez inspirará mayor respeto y credibilidad a los ojos de su hijo, que si es una hablante mediocre de la lengua mayoritaria, que, probablemente, el hijo domina a la perfección.

Algunas familias con dos o más idiomas establecen que los padres se dirijan al niño en la lengua minoritaria, al menos en casa. Esta solución significa que uno de los cónyuges habla un idioma que no es el suyo con su hijo, al menos durante un tiempo, y puede sentirse incómodo. La relación entre padres e hijos resulta tan especial que es una pena introducir lo que algunos perciben como una barrera: una lengua que no es la propia. Sin embargo, esta solución da ventaja a la lengua minoritaria, en la que el niño será más competente en sus primeros años. A algunos padres les preocupa que sus hijos puedan estar en desventaja si no hablan o entienden la lengua dominante antes de empezar el jardín de infancia o el colegio, pero la experiencia demuestra que los niños aprenden idiomas con absoluta facilidad. Las señales de alarma conciernen, en general, a niños de comunidades en las que apenas hay oportunidades de escuchar a hablantes nativos de la lengua mayoritaria.

En los casos en que uno de los cónyuges se encuentra igual de cómodo con los dos idiomas, existen otras opciones: por ejemplo, que hable en cualquiera de las dos lenguas con el niño, dependiendo de quién esté presente. Es muy posible que los padres que se han criado con dos idiomas sientan el deseo de interactuar con sus hijos en esos dos idiomas.

PERTENECER A UN GRUPO MINORITARIO EN EL PAÍS DE RESIDENCIA

Si la lengua minoritaria de la familia la hablan muchas personas en la misma zona, de manera que se pueda hablar de una comunidad de inmigrantes o expatriados, es importante que el niño pueda formar parte de esa comunidad. Es muy probable que la vida social de la familia transcurra en gran parte dentro de ese grupo, por lo que el niño debe conocer la lengua minoritaria para poder participar en actividades como los servicios religiosos, los juegos con otros niños, la escuela de los sábados o incluso las clases diarias en el colegio.

> «Como muchos inmigrantes, nos socializamos en la establecida comunidad armenia de Nueva York. Yo asistía a la escuela armenia de los sábados y, por tanto, conocía también la cultura.»
>
> (SUZANNE HOVANESIAN, Estados Unidos)

Otros ejemplos de este tipo de comunidad minoritaria son la comunidad finlandesa de Suecia, la greco-chipriota de Londres o la inglesa de Bruselas. Los miembros de estas comunidades tienden a mantener un estrecho contacto y gran parte de las actividades que organizan están destinadas a transmitir la lengua y la cultura minoritarias a los niños.

Muchos inmigrantes desean regresar periódicamente a su país para visitar a sus parientes y amigos y apaciguar un poco la añoranza. En ocasiones, se sienten ansiosos por mostrarse lingüística y culturalmente tan competentes como lo eran antes de abandonar su país. El sentimiento se puede recrear en parte mediante una visita a su tierra natal, aunque tanto el país como el individuo habrán cambiado con los años. Los inmigrantes desean que sus hijos se sientan como en casa en el país que ellos abandonaron un día. Algunos incluso desean que vivan allí en el futuro, o al menos que estudien allí y elijan a una pareja de su mismo país. Ésta puede ser una razón de peso para que algunos padres se aseguren de que sus hijos aprendan la lengua minoritaria.

«Yo crié a mis hijos hablándoles español para que no perdieran sus raíces culturales. Me duele ver a niños hispanos que no conocen su lengua materna. Ahora entiendo cómo se sintieron mis padres.»

(MARC ROD, Florida)

«Soy muy consciente de que no comparten una parte de mi cultura. Conocen la geografía y la vida social de Irlanda por los veranos que han pasado allí. Conocen la música irlandesa por los discos y porque tengo varios amigos músicos, algunos muy conocidos. Asocian la música irlandesa conmigo (en una ocasión, yo estaba en China y le pidieron a su madre que les pusiese un disco de música irlandesa porque me echaban de menos).»

(SEAN GOLDEN, Barcelona)

Si el padre o la madre inmigrante todavía tienen parientes en el país de origen, es importante que los niños puedan comunicarse con ellos. No sólo es una lástima que los abuelos no puedan hablar con sus nietos, sino que además resulta conveniente que el niño se dé cuenta de que su padre o su madre también poseen unas raíces y una familia.

> «Cuando empecé el colegio, dejé de hablar alemán progresivamente, y no lo hablé nada, excepto alguna palabra aislada, entre los 8 y los 14 años. Mis abuelos alemanes vinieron de visita y me avergoncé de no poder hablar con ellos.»
>
> (WILLIAM C. BROWN, Delaware)
>
> «Llegó un momento, entre los 4 y los 5 años, en que se rebelaron y protestaron porque me dirigía a ellos en inglés (yo era el único padre que lo hacía, les hacía sentir "diferentes", etc.). Decían que nadie de nuestro entorno hablaba inglés. Por suerte, esto ocurrió en junio, justo antes de que fuésemos a Irlanda y se relacionasen con sus abuelos, sus tías y sus tíos. Yo les recordé que en Irlanda nadie de nuestro entorno hablaba español, y que sus abuelos no les entenderían si les hablaban en español».
>
> (SEAN GOLDEN, Barcelona)

En el caso de un matrimonio en el que un cónyuge es natural del país de residencia, la imagen que tendrán los niños sobre la infancia de sus padres puede ser desequilibrada. Los niños verán a su familia paterna, por ejemplo, muy a menudo, tal vez a diario. Incluso es posible que vivan en la misma casa en la que creció el padre, que vayan al mismo colegio, que jueguen en los mismos lugares y que se bañen en las mismas playas. El padre podrá compartir su infancia con sus hijos de un modo muy concreto. Si la madre no tiene la oportunidad de compartir sus vivencias con sus hijos, puede dar la impresión de que no tiene raíces, de que ella ya nació criada, sin la sustancia de una familia que la respalde. En una situación así, será muy importante para la madre que los hijos tengan la competencia lingüística y cultural necesaria para entablar relaciones reales con los miembros de su familia y participar plenamente en las visitas al país natal de la madre.

¿BILINGÜISMO EQUILIBRADO ABSOLUTO O ARREGLÁRSELAS COMO SE PUEDA?

Algunas parejas, en especial las que no tienen demasiado contacto con otras familias bilingües, hablan de criar a sus hijos en el bilingüismo. Con ello se refieren a su deseo de que sean igualmente competentes en dos idiomas y no se distingan de los hablantes nativos monolingües de cada uno de esos idiomas. En nuestra opinión, se trata de un deseo poco realista si la familia no pasa casi el mismo tiempo en países donde se hablan los idiomas en cuestión. El bilingüismo equilibrado significa que las dos lenguas son igual de fuertes. Por lo general, resulta difícil de conseguir cuando los niños son pequeños, pero no es imposible a largo plazo y, en algunos casos, siempre y cuando los propios niños se muestren suficientemente motivados. Muchos padres de familias donde se habla más de una lengua minoritaria describen el dominio de las lenguas por parte de sus hijos como un proceso de oleadas. La lengua minoritaria puede ser más fuerte mientras son pequeños y durante los viajes largos a un país donde se habla; la mayoritaria se impone cuando vuelven a casa y cuando empiezan a ir al colegio.

Los niños que crecen con el idioma mayoritario como lengua dominante pueden lograr mayor equilibrio si más tarde pasan un trimestre o un curso en una escuela de un país donde se hable la lengua minoritaria. Existen numerosos programas de intercambio que organizan estancias en el extranjero con familias. La familia del estudiante de intercambio tiene que acoger a un joven de otro país durante un período de tiempo equivalente. El joven que haya crecido con el idioma del país anfitrión como segunda lengua tendrá la oportunidad de mejorar sus conocimientos, una oportunidad que no suele presentarse a los que han aprendido la lengua como idioma extranjero en el colegio. Sólo los alumnos con más talento de este segundo grupo serán capaces de hablar la lengua del país anfitrión sin acento extranjero. Existen motivos para creer que los jóvenes que han estado expuestos a dos lenguas desde su más tierna infancia aprenden a hablarlas sin acento extranjero.

Los padres que esperan que sus hijos se expresen como hablantes nativos monolingües pueden sufrir una decepción al comprobar que hablan la lengua minoritaria con acento extranjero o con interferencias obvias de la lengua mayoritaria. En general, las lenguas en contacto se influyen mutuamente y el problema puede suavizarse con el tiempo si el niño recibe suficiente trato en las dos lenguas. El tiempo que se pasa en un entorno en el que sólo se escucha la lengua minoritaria resulta de gran ayuda.

Todavía peor es el caso de los niños que reciben las interferencias al revés, de la lengua minoritaria a la mayoritaria, y en especial si ésta es su lengua dominante (como suele ocurrir en el caso de los niños en edad escolar, a no ser que se matriculen en un centro donde se hable la lengua minoritaria). Es importante que todos los miembros de la familia dominen completamente una lengua, aunque conozcan otros idiomas. Los niños que se enfrentan a dificultades en su lengua dominante necesitan ayuda en los ámbitos problemáticos, ya sea el vocabulario, la sintaxis o la pronunciación. En ocasiones se presenta la necesidad de acudir a un especialista, u otra persona, experto en familias bilingües, aunque los padres pueden ayudar a sus hijos si son conscientes de que hay un problema. En el Apéndice B se incluyen sugerencias para fomentar el desarrollo lingüístico de los niños.

Algunos padres contemplan el posible bilingüismo de sus hijos como una apuesta de futuro, casi como un título que les resultará útil en sus carreras. Y sobre todo si el idioma que van a aprender los niños goza de gran consideración en el país donde vive la familia. Existe la creencia generalizada de que el inglés, el español o el francés resultan más útiles para el futuro que el sueco, el catalán o el letón, aunque nunca se sabe qué nos deparará el futuro. Tener acceso a una segunda lengua puede ser suficiente para desarrollar una carrera, en especial si esa lengua no es muy conocida y los hablantes de la otra lengua no acostumbran a estudiarla. En ese caso, el joven con un dominio excelente de los dos idiomas podría encontrarse en una situación privilegiada.

En un esfuerzo por ofrecer a sus hijos un empujón que consideran útil, algunas parejas los exponen a una segunda lengua que no es la materna de ninguno de los dos: por ejemplo, matriculando al niño en un colegio internacional o en un programa de inmersión lingüística en el que el idioma es nuevo para el niño; contratando a una niñera extranjera o acordando que el padre o la madre se dirija al niño en una lengua que no es la materna, ya sea únicamente en casa o en todas las situaciones.

Haciendo planes

Antes del nacimiento de su primer hijo, la pareja con dos idiomas o que quiera criar a su bebé con dos idiomas debe pensar y plantearse el desarrollo lingüístico del pequeño. Los miembros de la pareja tienen que pensar en qué lengua van a hablar con el niño y si van a cambiar según la situación: si están en casa o no, en qué país se encuentran, si hay invitados monolingües presentes, etc. Todos estos aspectos deben decidirse antes de que nazca el niño porque para muchas personas resulta extremadamente difícil cambiar la lengua que se habla con una persona cuando ya se ha establecido una relación en otro idioma.

Puede resultar útil reunirse y hablar con otras parejas que se encuentren en una situación lingüística similar, sobre todo si tienen hijos ya crecidos. Se puede aprender mucho compartiendo tiempo con una familia así. Preguntad cómo organizan el uso de los dos idiomas, qué normas o hábitos tienen sobre quién habla qué idioma, a quién y en qué situación, a qué problemas se han enfrentado y cómo los han resuelto. Observad cómo hablan y entienden los niños las dos lenguas. Más tarde, en casa, podréis discutir sobre si lo que habéis visto es lo que queréis para vuestro hijo. Aprended de lo que otros han hecho mal; si queréis que las cosas sean diferentes, intentad encontrar el modo de que sea así para vuestro hijo.

Probad a reuniros con otras parejas para que compartan sus experiencias con vosotros. Apuntaos a la lista de correo de Bilingual Families Internet: podréis responder a las preguntas de otros padres o compartir vuestras propias experiencias. Éste y otros recursos de Internet aparecen en el Apéndice D.

Cuando hayáis decidido juntos cómo vais a organizar la exposición de vuestro hijo a los dos idiomas, conviene comunicar los planes a los abuelos. En general, los abuelos son personas conservadoras y pueden mostrarse en contra de la idea de criar a un niño en dos idiomas. Es posible que os aconsejen que dejéis que el niño se concentre en una sola lengua o que olvidéis por completo la idea de «confundir» a su nieto con la lengua minoritaria. Este tipo de consejos proceden sobre todo de los abuelos que hablan la lengua mayoritaria, y que saben que podrán comunicarse con el niño pase lo que pase.

En ocasiones, a las familias que se encuentran en un país extranjero de forma temporal se les aconseja que regresen a su país natal antes de que su hijo empiece el colegio; así le «ahorrarán» el problema de tener que aprender más que unas nociones básicas de la lengua mayoritaria. Antes del nacimiento estaréis en mejor disposición de explicar la decisión de criar a vuestro hijo en dos idiomas tal como habéis planeado. Los expertos pueden daros su consejo, aunque quizá no estén bien informados sobre el bilingüismo.

La vida familiar con dos idiomas resulta más sencilla de lo que parece. Para aquellos que no se encuentran en esa situación, las normas y convenciones que regulan quién de la familia habla qué idioma a los otros miembros y cómo cambian esos patrones en presencia de otras personas parecen un caos. Sin embargo, los implicados están muy acostumbrados. Para los niños, el cambio de idioma es tan natural como respirar. Al fin y al cabo, incluso en las relaciones monolingües cada pareja utiliza una «lengua» distinta: no le hablas igual a tu marido que a tu hijo, ni al médico igual que a tu madre. La única diferencia en el entorno bilingüe es que las distintas relaciones requieren más de una lengua.

Un par de semanas antes del nacimiento de nuestro primer hijo, nos encontrábamos sentados en un café junto a una familia que vivía con dos idiomas. Por supuesto, no pudimos evitar escuchar. Después de un buen rato, entendimos las reglas. El padre hablaba inglés y todos excepto la madre le hablaban y le respondían en ese idioma. La madre hablaba sueco y los niños hablaban con ella en sueco. Los padres hablaban sueco entre ellos. Cuando sabes cómo funciona, la conversación de una familia con dos idiomas resulta perfectamente lógica, pero para los que no saben de qué va, es todo un caos. El cambio constante de lenguas según quién habla a quién puede parecer menos ordenado de lo que en realidad es.

«Tuvimos dificultades con el jardín de infancia cuando asistió la mayor, y no dejaron de intentar convencerme de que no le hablase en inglés porque "era malo para su desarrollo". Sin embargo, tanto mi marido como yo ignoramos el consejo e intentamos convencerles del valor de aprender dos lenguas desde el principio.»

(Nancy Holm, Suecia)

«Cuando mi hermano empezó a ir al colegio [él es mayor], un profesor les dijo a mis padres que no se preocupasen por el inglés, que en casa hablasen en nuestra lengua materna [taiwanés], y que el inglés ya lo aprendería en el colegio. Mis padres nos hablan en taiwanés y en inglés, y yo estoy MUY agradecida. Puedo comunicarme con mis parientes sin un intérprete y recorrer sola todo Taiwan.»

(LINDA LEE, Estados Unidos)

«Por desgracia, cuando regresamos a Estados Unidos, un psicólogo infantil cretino nos dijo que dejásemos de hablar en francés en presencia de nuestra hija, ya que eso podía alterar su pequeña psique. Desde entonces ha estado en Francia y en otros entornos francófonos, pero sigue reticente a utilizar el francés en nuestra presencia. Como cuando tenía 3 años: "Vas au lit". "I don´t want to go to bed".»

(MERTON BLAND, Estados Unidos)

¿QUÉ HAY EN UN NOMBRE?

En el contexto de una pareja que vive con dos idiomas, los nombres adoptan un nuevo significado. La decisión de los nombres que van a utilizar los individuos implicados después del matrimonio depende en parte de las leyes del país en el que viva la pareja. Que la mujer decida adoptar el apellido del marido o bien conservar el suyo puede ser muy importante para ella, sobre todo más adelante, en caso de que su apellido extranjero le suponga una carga y, tal vez, una imposición.

En algunos países, la mujer puede mantener su propio apellido y además adoptar el de su marido, por ejemplo, Una Cunningham-Andersson; así, el nombre aporta una breve reseña de la historia de su portadora. Por desgracia, este tipo de apellidos compuestos puede sonar a clase alta en algunas zonas del mundo anglófono. En otros países no existe la costumbre de que las mujeres cambien su apellido a raíz del matrimonio. En ocasiones, el hombre puede adoptar el apellido de la mujer, aunque no es una opción muy popular. La pareja debe tomar su decisión dentro de las opciones de que dispone. En nuestro caso, Una ha eliminado el Andersson de su nombre después de utilizarlo durante 17 años.

La cuestión del nombre de los hijos de matrimonios interculturales resulta más controvertida. Por suerte, casi siempre es posible dar a los niños dos o más nombres, lo que permite que las dos culturas estén representadas. Los nombres que se le pongan al niño pueden elegirse según este criterio, y aunque las combinaciones no parezcan muy acertadas, sí responderán al propósito de reflejar los orígenes del niño. Una alternativa consiste en optar por un nombre válido en los dos idiomas: los hablantes de inglés, sueco y español, por ejemplo, pueden llamar a un niño David o Daniel, que parecerá del país cuando se escriba aunque la pronunciación sea un poco distinta en cada uno de esos idiomas. En general, los padres intentan planificar con antelación dónde pasarán la mayor parte del tiempo mientras los niños crecen y se aseguran de que los nombres elegidos no suenen extraños. Otras parejas prefieren elegir un nombre de la otra cultura, que resulte inusual en el país de residencia. Existen diferentes maneras de racionalizar el difícil proceso de elegir los nombres de los niños, y lo único que pueden esperar los padres es que sus hijos no les echen en cara su elección en el futuro.

El hecho de que los niños reciban un nombre razonable y útil, con independencia del país donde terminen viviendo, tiene muchas ventajas. Un modo de lograrlo consiste en poner varios nombres al niño. La legislación sobre el número de nombres que puede recibir un niño y cuáles se pueden utilizar para dirigirse a él varía según los países. En Suecia se permite un número indefinido de nombres, pero hay que especificar cuál se va a utilizar, aunque se puede cambiar posteriormente con bastante facilidad.

Nosotros optamos por dar tres nombres a cada uno de nuestros hijos (uno muy habitual en sueco, otro muy habitual en inglés y un tercero tomado de nuestras familias). Hasta el momento, les gusta el nombre que hemos elegido para dirigirnos a ellos, excepto a Anders: a los 12 años decidió que en el colegio le llamasen John, su segundo nombre. Y esa decisión ha provocado cierta confusión, ya que fuera del colegio sigue siendo Anders y en ocasiones esos dos mundos se mezclan.

> «Sabíamos que íbamos a vivir en México y pusimos nombres españoles a nuestros hijos. De ese modo, su entorno les resulta más cómodo.»
>
> (R. CHANDLER-BURNS, México)

¡Prepárate!

Existen algunos aspectos de la paternidad y la maternidad en una familia bilingüe que pueden sorprender a los implicados. Por ejemplo, un padre que habla la lengua minoritaria a un niño resulta muy llamativo. Al principio puede ser incómodo ver cómo se giran los demás cuando te escuchan dirigiéndote a tu hijo en una lengua extranjera. Cuando la familia con dos idiomas está compuesta únicamente por la pareja, no suele llamar demasiado la atención. Muchos padres y madres inmigrantes no se dan cuenta de que llaman la atención hasta que salen a la calle con sus hijos, en especial si no parecen «extranjeros» (como sería el caso de una madre danesa en Alemania, un padre finlandés en Noruega o una madre española en Italia. Para el espectador casual puede ser toda una sorpresa escuchar a los padres y los hijos hablando en otro idioma. Tienen «pinta» de que deberían hablar alemán, noruego o italiano. Si, además, los espectadores llegan a saber que el padre o la madre conocen la lengua mayoritaria perfectamente bien, puede parecerles absurdo que hablen otra lengua con el niño, sobre todo si éste es demasiado pequeño para entender lo que le dicen. Para la mayoría de las personas, las lenguas extranjeras son difíciles y por eso puede resultar incomprensible que un niño muy pequeño sea capaz de aprender más de un idioma. Estas ideas pueden llevar a criticar abiertamente al padre o la madre o a darles consejos no solicitados, cosa que puede resultar igual de desagradable.

«La gente (extranjera) suele reaccionar de dos formas cuando nos oyen a mí y al niño hablando en inglés en público (¿cómo podría contenerme y adoptar otra postura lingüística?). La mayoría sonríe e intenta decir algo del tipo "What's your name?", y pregunta si el niño entiende el portugués (hasta el momento, tanto la madre como el niño son "tolerados" porque yo hablo portugués y siempre dejo claro que él lo entiende. Eso les gusta y, en cierto modo, suaviza su actitud (ocasional) hacia "esos extranjeros que piensan que pueden pasearse por nuestro país sin hablar portugués". Otras veces, la gente se "maravilla" de la capacidad del niño para "hablar" dos idiomas, pero yo siempre explico que los niños son como esponjas que aprenden de todo siempre y cuando tengan la oportunidad.»

(ANA CRISTINA GABRIEL, Lisboa)

En algunas familias, los niños odian la atención que genera el uso en público de la lengua minoritaria y evitan esa situación. A otros no les importa, o incluso se sienten orgullosos de su habilidad lingüística. Por supuesto, el nivel de atención dependerá del entorno. En las zonas cosmopolitas no es extraño escuchar lenguas extranjeras. En otros lugares, se hacen comentarios despectivos del tipo: «Cuando estés aquí, habla…». En la lista de correo de Bilingual Families Internet (véase el Apéndice D) se ha discutido acaloradamente sobre este tema. El grupo se dividió entre los que creen que hablar una lengua que no entienden los que nos rodean es de mala educación, y los que piensan que tienen todo el derecho a hablar la lengua que más les apetezca en cualquier situación. Obviamente, la reacción al uso de una lengua minoritaria en público depende de varios factores:

- Los que nos rodean están acostumbrados a escuchar una lengua extranjera.
- Tienen una actitud negativa hacia todo lo que es extranjero.
- Tienen una actitud especialmente negativa hacia los hablantes de una lengua concreta.
- Piensan que están hablando de ellos.
- Creen que los visitantes, y en especial los inmigrantes, deberían aprender y utilizar exclusivamente la lengua mayoritaria (incluso entre ellos). En este caso, considerarían especialmente inadecuado transmitir la lengua extranjera a los niños.

Ejemplos

Un hombre español y una mujer francesa viven en España. Hablan la lengua minoritaria, francés, entre ellos. Antes de ser padres, deciden que cada uno hablará su propio idioma con su hijo, en todas las situaciones. Cuando nace el bebé, su padre se siente muy extraño cambiando de francés a español para hablar con una criatura que no entiende nada. Ante la insistencia de su mujer, él persevera y continúa hablando a su hijo en español.

Un hombre griego y una mujer inglesa que viven en Inglaterra tienen una experiencia muy similar. El hombre pensaba hablar en griego con su hija, pero se sentía incapaz de hacerlo, sobre todo porque sólo utilizaba su idioma con hablantes adultos y en Grecia. La consecuencia es que la niña no creció escuchando griego, aunque su madre contrató a un profesor particular cuando la pequeña tenía 6 años. Ahora sabe lo suficiente para comunicarse con su abuela griega. Y su padre se muestra más interesado en hablar griego con ella.

Otro aspecto de ser padres, tal vez inesperado, es que el miembro de la pareja que tiene que cambiar de la lengua que habla a la lengua que va a hablar con el niño puede mostrarse reacio a pesar de los planes anteriores al nacimiento.

En algunos casos, una lengua minoritaria puede ser la única pista de que su hablante pertenece a un grupo oprimido o impopular. En tales situaciones, los padres deben decidir cómo van a utilizar los idiomas ellos mismos y sus hijos. Sin duda, existen situaciones en las que se requiere discreción y los niños deben saber que su lengua minoritaria no siempre va a tener una acogida positiva. Por ejemplo, ésa es la situación a la que se enfrentan los hablantes de inglés americano en determinados lugares de Oriente Próximo o los alemanes en algunos puntos de Europa. Los padres que logran ayudar a sus hijos a adquirir la lengua minoritaria en tales circunstancias son dignos de admiración. Desde septiembre de 2001, la posición de los musulmanes y otros pueblos de Oriente Próximo en el mundo occidental ha cambiado, y esos cambios conllevan dificultades para muchas personas que viven en Occidente y desean criar a sus hijos como hablantes de árabe, persa, kurdo o cualquiera de las numerosas lenguas de esa parte del mundo. Tanto si la familia es musulmana como si no, pueden enfrentarse a actitudes negativas que, en algunos casos, llevan a los padres a decidir hablar la lengua mayoritaria en público, incluso, tal vez, en casa. Resulta inevitable que esa situación dificulte en gran medida la adquisición de la lengua de los padres por parte de los hijos.

«"Criar a los niños en el bilingüismo" no es tan bonito cuando tu idioma es objeto de odio. Mantener tu estatus minoritario no es fácil cuando sabes que va a causar problemas a tus hijos, y es peor si la minoría a la que perteneces ha sido objeto de genocidio, como es el caso de indios, judíos, gitanos y muchos otros pueblos.»

(Anónimo, México)

La noticia de que un hijo o una hija ya crecidos «sale con un extranjero» puede suponer todo un shock para muchos padres, sobre todo si el hijo o la hija en cuestión viven en el país natal. Aunque el extranjero aludido sea europeo y no haya diferencias raciales, la idea de los posibles problemas culturales y lingüísticos puede resultar desalentadora. Muchos se preocupan por los futuros nietos; se preguntan si una relación así puede llegar a buen puerto y si podrán comunicarse con el novio o la novia de sus hijos, y temen la posibilidad de que éstos se trasladen a otro país. Aceptar a un extranjero en la familia casi siempre supone un reto para la generación mayor de ambas partes.

Los primos, abuelos, tíos y tías de ambas familias pueden experimentar sentimientos encontrados frente al modo en que sus parientes se comunican en dos idiomas. Por un lado, cabe la posibilidad de que el primer hijo de la familia sea observado muy de cerca en busca de señales de que eso de educarse en dos lenguas es demasiado para un niño pequeño. Por otro lado, la parte o las partes de la familia que representan la lengua minoritaria (una o las dos parejas de abuelos) pueden estar preocupadas ante la imposibilidad de comunicarse con sus nietos si no aprenden a hablar su idioma. Si los niños aprenden la lengua minoritaria de manera que les permita establecer una relación con sus abuelos, será un gesto que éstos apreciarán, aunque algunos abuelos pueden mostrarse insensibles y criticar las habilidades de sus nietos por no expresarse como si se tratara de su lengua propia.

Ese tipo de observaciones puede molestar al padre que ayuda a sus hijos, por lo general sin el apoyo de nadie, a hablar la lengua minoritaria. Hay que recordar que los abuelos pueden sentirse profundamente decepcionados de que su hijo o su hija viva lejos de ellos, en otro país; es posible que desconozcan la cultura y las tradiciones del país en el que viven sus hijos y sus nietos. Si el otro miembro de la pareja es de ese país, también puede suponer una fuente de disgusto para los abuelos.

«El hecho de intentar mantener un hogar bilingüe ha tenido repercusiones en la familia de mi mujer. ¡Todos piensan que es estupendo! Ahora, mi suegra, mi cuñada y mi cuñado también hablan español.»

(EDGAR MONTERROSO, Estados Unidos)

«A veces, nuestros padres piensan que no hemos hecho ningún favor a nuestros hijos criándolos con una segunda lengua y su cultura.»

(JOYCE ROTH, Japón)

Si la lengua mayoritaria hablada en el país donde viven los niños posee un gran prestigio, sobre todo si es la lengua escolar en el país donde se habla la lengua minoritaria, como el francés en Inglaterra o el inglés en Suecia, el padre emigrante puede ser objeto de la envidia de sus propios hermanos si éstos piensan que sus hijos no están teniendo el mismo privilegio que supone aprender una segunda lengua sin esfuerzo aparente. En cambio, sus hijos tendrán que aprender de la manera «difícil», en el colegio, con ejercicios de gramática y listas de vocabulario, y con menos posibilidades de éxito. El esfuerzo invertido por padres e hijos para vivir en un hogar donde habitan dos lenguas no resulta obvio desde fuera a primera vista.

3

El sistema lingüístico familiar

Desarrollar un sistema

Dependiendo de sus circunstancias, la familia desarrollará un sistema que regule el uso de las dos lenguas con las que vive. Cuando las circunstancias cambian, el sistema debe ser lo suficientemente flexible para satisfacer las necesidades de todos. Cuando se conoce una pareja que vive con dos idiomas distintos, sus miembros deciden de manera activa o pasiva qué idioma van a hablar entre ellos. A medida que pasa el tiempo, esa decisión puede necesitar una revisión; tal vez resulte más adecuada otra solución si tienen un hijo, o si éste necesita ayuda con los deberes de la lengua mayoritaria. Un divorcio, un traslado a otro país o la llegada de nuevo miembro a la familia (por ejemplo, la abuela) pueden requerir cambios en el sistema lingüístico familiar. En un entorno en el que los dos cónyuges han decidido utilizar la lengua minoritaria en casa, quizás haya que reconsiderar la decisión si la familia se traslada a un país en el que esa lengua es la mayoritaria. Así, la que antes era la lengua mayoritaria necesita un lugar para mantenerse viva. Por supuesto, si no es la lengua materna de ninguno de los cónyuges, no habrá necesidad o ganas de seguir comunicándose con ella o de enseñársela a sus hijos.

Ejemplo

Una familia de padre sueco y madre estadounidense ha vivido durante muchos años en Suecia, donde los dos hablaban en inglés, en casa, con los niños. Fuera de casa, el padre hablaba sueco con los niños y la madre continuó utilizando inglés con ellos en todas las situaciones. Cuando la familia se trasladó a vivir a Estados Unidos durante dos años, los padres tuvieron que asegurarse de mantener vivo el sueco de los niños por el bien de su comunicación con sus parientes suecos y porque sabían que iban a regresar a los dos años. Intentaron que todo el mundo hablase sueco en casa, pero no funcionó por dos razones. En primer lugar, la madre no se sentía cómoda hablando sueco con los niños: nunca lo había hecho, y al vivir fuera de Suecia estaba perdiendo sus conocimientos (que nunca habían sido muy buenos) a marchas forzadas. En segundo lugar, el padre trabajaba muchas horas y apenas estaba en casa; entre semana casi no veía a los niños. No estaba presente para hablar en sueco con su mujer ni con los niños. Cuando la familia regresó a Suecia, los niños eran monolingües (en inglés) y parecían haber olvidado todo el sueco que sabían. Por suerte, al volver al colegio refrescaron sus conocimientos. Ahora son muy competentes en los dos idiomas.

La lengua elegida por los hermanos para hablar entre ellos suele ser la mayoritaria si es su lengua dominante (como suele ocurrir, al menos en el caso de los niños en edad escolar). En ocasiones, los padres intentan convencer a sus hijos de que hablen la lengua minoritaria entre ellos, pero resulta difícil influir en los demás en cuanto a la elección del idioma y, en cualquier caso, no depende de los padres. Puede ocurrir que la lengua minoritaria tenga mayores posibilidades de ser utilizada entre hermanos si es la única que hablan el padre y la madre en casa, pero a veces ni siquiera eso sirve de ayuda. Existen casos en que los hermanos mayores se dirigen a uno más joven en la lengua minoritaria si creen que así pueden obtener mejores resultados (por ejemplo, aparentar más autoridad, como papá o mamá) o si perciben que el hermano menor entiende mejor esa lengua.

Ejemplo

Leif (9 años y 5 meses) a Pat (3 años y 10 meses): «Ge mig den Pat, give it to me!».

LENGUA Y PERSONALIDAD

Resulta inevitable que todos los miembros de una familia con dos idiomas que hablan la lengua minoritaria tengan que hablar en alguna ocasión la mayoritaria, a menos que vivan en un entorno cerrado de expatriados o inmigrantes. Incluso los padres que siempre hablan la lengua minoritaria con sus hijos, en todas las situaciones, tendrán que utilizar la mayoritaria en alguna ocasión en presencia de los niños. Para los más pequeños puede resultar confuso escuchar cómo cambia su madre de idioma cuando habla con la dependienta de una tienda, por ejemplo. Cuando utilizamos otro idioma, cambian varios elementos: algunas lenguas se hablan en un tono más alto que otras; puede variar la duración del discurso; algunos hablantes se expresan en un volumen más bajo en una lengua que en otra, por razones culturales o debido a su inseguridad, etc. A los niños pequeños puede parecerles que su madre cambia su personalidad cuando cambia de lengua, sobre todo si no están acostumbrados.

De hecho, algunos aspectos de la personalidad del hablante parecen cambiar realmente cuando se pasa de la lengua propia a la que no lo es. En una lengua que no se domina del todo, los hablantes no tienen acceso a las variaciones estilísticas y a los matices de significado. El discurso puede resultar inseguro y dubitativo, lo que da la impresión de que los hablantes no saben con total seguridad qué están diciendo. Resulta difícil ganar un debate con elegancia en una segunda lengua. Ésta es una razón importante por la que los padres tienen que pensárselo muy bien antes de dejar a un lado su propia lengua para dirigirse a los niños. Es probable que pierdan autoridad a ojos de sus hijos si no son completamente competentes en la lengua que utilizan para dirigirse a ellos. En última instancia, podría derivar en una falta de respeto perfectamente evitable si los padres conservasen su propia lengua para comunicarse con sus hijos en todas las situaciones.

PADRES CON DOS IDIOMAS

En muchos casos, las personas que crecen con dos idiomas sienten el deseo de transmitir esas dos lenguas a sus hijos. Puede tratarse de una tarea nada fácil; depende de la estructura y las circunstancias de la familia. Por ejemplo, un hombre joven que haya crecido en España con una madre inglesa y un padre español probablemente al hablar parecerá más español que inglés. Si se casa con una mujer española y se establecen en España, es posible que desee que sus hijos aprendan inglés, su segunda lengua. La madre del joven, es decir, la abuela de los niños, puede colaborar y no hablar en español con sus nietos. Sin embargo, pueden darse dificultades si el padre no se siente suficientemente seguro comunicándose en inglés con sus hijos. Además, su mujer podría no estar de acuerdo en introducir una segunda lengua porque percibe a su marido como español exclusivamente.

Que este tipo de estructura funcione depende del grado de motivación de los padres para ayudar a sus hijos a aprender la lengua minoritaria. Si se pretende que los niños alcancen un nivel razonable, es preciso seguir unos pasos para asegurarse de exponerlos a la lengua con frecuencia, ya sea a través de los abuelos o de otras personas.

«Tengo hijos y nietos. A mis hijos los he criado únicamente en hebreo. Aunque mi marido y yo hablamos holandés en ocasiones, pensamos que no era una lengua importante y decidimos no enseñarla a nuestros hijos. En cambio, creo que el inglés sí es importante, pero a mi marido no se le da demasiado bien. Habría sido "artificial" hablarlo entre nosotros.»

(YEDIDA HEYMANS, Israel)

«Si tuviésemos hijos, crecerían en un entorno multilingüe. Mi marido, aunque es americano, también habla coreano y ha aprendido bastantes palabras y expresiones holandesas, y un poco de farsi (persa), a través del contacto con mis padres. Probablemente, nos dirigiríamos a los niños en el mismo batiburrillo lingüístico con el que me he criado; por experiencia, sé que los niños son capaces de distinguir cada lengua y limitar el dominio de cada una en caso necesario.»

(JASMIN HARVEY, Estados Unidos)

«Como traductor, sé lo difícil que es hablar correctamente la lengua madre, que las lenguas evolucionan constantemente (mi diccionario tiene cinco años y ya se ha quedado obsoleto), y lo importante que es proporcionar a los niños las herramientas adecuadas para aprender a apreciar su lengua madre, su riqueza y sus clásicos antes de que decidan aprender otro idioma. Si a un niño se le impone otra lengua, no tendrá tiempo (o perderá el deseo) de explorar su lengua madre. Veinticuatro horas al día, menos las ocho horas de sueño, menos las horas invertidas en comer y jugar con otros niños… Démosle un respiro al pobre niño. La verdadera cuestión es ésta: ¿qué es mejor? ¿Aprender y explorar a fondo una lengua, o comunicarse con dificultades en dos?»

(JACQUES CLAU, Canadá)

Una persona, una lengua

Durante muchos años, el método «una persona, una lengua» para criar a los niños en dos idiomas ha sido recomendado como el más adecuado para las parejas que viven con dos idiomas. El principio más importante es que cada uno de los cónyuges hable su propio idioma con sus hijos. En cuanto a los niños, se espera que respondan a sus padres en la lengua que éstos utilizan con ellos. Para algunas parejas, éste es el único modo concebible de conducir la situación. Si ni el padre ni la madre están dispuestos a renunciar al privilegio de hablar su propia lengua con sus hijos, así debe ser la vida en una familia con dos idiomas. No obstante, existen problemas potenciales con este método. Si el progenitor que representa la lengua minoritaria no pasa mucho tiempo con los niños, éstos no recibirán suficiente información en esa lengua. Así, es posible que nunca lleguen a empezar a utilizar la lengua minoritaria.

«Mi idea por entonces era que el método "una persona, una lengua" era el mejor, así que decidimos que yo hablaría en francés con Alienor y Wendy se dirigiría a ella en chino. Sin embargo, no habíamos pensado que el poco tiempo que yo podía pasar con Alienor no sería suficiente para que ella recibiese una dosis adecuada de francés. Debo aclarar que trabajo todo el día y, además, dedico dos o tres fines de semana al mes a trabajar como traductor. Cuando tengo un poco de tiempo libre, lo primero en lo que pienso es en relajarme; interactuar con mi hija en francés, cuando no siempre me entiende, no me ayuda a sentirme demasiado relajado.»

(ALAIN FONTAINE, Taiwan)

El método «una persona, una lengua» puede plantear un problema adicional si los padres no entienden la lengua del otro. El progenitor que no entienda las conversaciones entre su pareja y el niño puede sentirse desplazado. Una solución sería que el cónyuge que no entiende la otra lengua la aprenda; de lo contrario, podrían darse dificultades cuando se reúna toda la familia. Si la pareja sí entiende la lengua del otro, ambos podrán tomar el hilo de las conversaciones y cambiar de idioma en función de sus necesidades.

> LEIF (9 años y 7 meses): «I want to go to town soon». (Quiero ir pronto a la ciudad.)
> MADRE: «We'll be going sometime this week». (Iremos esta semana.)
> PADRE: «Vad vill du göra där?». (¿Qué quieres hacer allí?)

El método «una persona, una lengua» requiere que el hablante establezca contacto con el interlocutor adecuado antes de empezar a hablar. No es posible dirigir un comentario al padre y a la madre a la vez, aunque en ocasiones los niños deben encontrar el modo de sortear ese problema. Según nuestra experiencia, los niños se aseguran de que el progenitor correspondiente esté escuchando antes de empezar a hablar; primero llaman («Mamma!» o «Pappa!») y esperan una respuesta. Si la llamada es para el padre y la madre a la vez, en ocasiones formulan una pregunta inmediata para comprobar que el que no domina la lengua minoritaria entiende de qué se va a hablar.

Suzanne Romaine (1995, pág. 186) explica que un resultado muy habitual del método «una persona, una lengua» es el de un niño capaz de entender los idiomas de sus dos progenitores, pero que sólo habla la lengua de la comunidad en la que vive. Romaine afirma que existen estudios sociolingüísticos que demuestran que para los niños es muy difícil adquirir el control activo de una lengua minoritaria si ésta no recibe el apoyo de la comunidad. Arnberg (1987, págs. 35-42) confirma esta idea con los resultados de un estudio sobre niños que viven en Suecia y hablan sueco e inglés, que en torno a la edad de 7 años responden a sus madres en sueco, y que no mostraron ningún reparo en hablar en inglés con los investigadores. Los padres expresaron su decepción ante la falta de fluidez de sus hijos en inglés. En cambio, los niños eran capaces de conversar en esa lengua si se sentían motivados. En algunas de las familias que nos han explicado su situación, los niños incluso empezaron a evitar al progenitor que les habla en el idioma que menos dominan.

> «Ahora mismo, mi hija prefiere que le hablen en inglés. A veces me dan tentaciones de utilizar el inglés porque ella responde mucho mejor en esa lengua. Cuando vamos a buscarla los dos al jardín de infancia, ella se va directa a mi marido y se niega a venir conmigo. No estamos seguros del motivo. Hay quien dice que es porque las niñas prefieren a sus padres. Sospechamos que el hecho de que yo me dirija a ella en japonés provoca esa reacción. Puede que no le guste que le hable en japonés. Incluso en casa prefiere estar con su padre que conmigo, sobre todo cuando está cansada.»
>
> (KAORI MATSUDA, Australia)
>
> «Antes del jardín de infancia hablábamos inglés con ellos, pero aprendieron japonés al entrar en contacto con sus compañeros. Después de empezar el jardín de infancia, el equilibrio entre japonés e inglés se decantó hacia el primero. Yo me dirigía a los niños en japonés porque es la más difícil de las dos lenguas y necesitaban ayuda. El japonés de mi marido no era demasiado bueno, así que los niños evitaban hablarlo con él cuando eran muy pequeños.»
>
> (JOYCE ROTH, Japón)

No obstante, existen historias de éxito, como las que aparecen en Saunders (1982) y Döpke (1992). Romaine (1995) comenta que los buenos resultados se refieren a lenguas minoritarias no estigmatizadas y a niños con un entorno propicio. Arnberg (1987, pág. 43) señala que la mayoría de estudios sobre bilingüismo eficaz están realizados por lingüistas que trabajan con sus propios hijos. Saunders (1988, pág. 33) rechaza la noción de que sólo las familias de clase media pueden lograr criar a sus hijos con dos idiomas. Ofrece pruebas de un estudio realizado por él mismo con un trabajador turco que logró criar a sus hijas en Australia como hablantes competentes de turco e inglés (Saunders, 1984).

Según nuestra propia experiencia, el método de «una persona, una lengua» resulta muy positivo. La madre habla con nuestros hijos en la lengua minoritaria, inglés, y el padre lo hace en sueco, la lengua mayoritaria. Todos responden en la lengua en que se les habla, y en su inglés ya no aparecen palabras suecas intercaladas. Ponen más atención para hablar en inglés con hablantes monolingües de dicho idioma, igual que los niños del estudio de Arnberg. El inglés de Leif a sus 16 años no puede describirse como el de un nativo, pero se le da bastante bien y con frecuencia le piden que guíe a los visitantes extranjeros de la escuela de agricultura a la que asiste porque su capacidad y sus conocimientos son muy superiores a los de sus compañeros monolingües. Su nivel de sueco es de nativo. Desde los 7 años, Anders se ha mostrado muy particular en su intención de mantener separados los dos idiomas, y en ocasiones formula preguntas sobre vocabulario antes de empezar a hablar. Ahora, con casi 15, su vocabulario de inglés ya no tiene vacíos. Durante los dos últimos años ha asistido a una escuela en inglés, y ello le ha permitido desarrollar su nivel hasta un punto en el que podría calificarse como nativo en ambos idiomas. De hecho, unas sutiles medidas fonéticas sugieren que parece dominante en inglés (Cunningham, 2003). Con 6 años, Pat sólo hablaba sueco, aunque también entendía el inglés. Ahora, a sus 11 años, utiliza los dos idiomas correctamente; responde en inglés cuando se le habla en inglés, aunque su sintaxis y su pronunciación no son los de una lengua materna. En cambio, su nivel de sueco sí es de primera lengua. Elisabeth tiene ahora 9 años y 5 meses. Asiste a clases bilingües en inglés y sueco y parece que existe un gran equilibrio entre sus dos lenguas (Cunningham,

2003); de hecho, presenta un nivel superior a la media (para hablantes nativos) en los dos idiomas. Los niños se expresaban principalmente en inglés hasta que empezaron el jardín de infancia, en torno a los 3 años. Todos pasaron por un período de dominio del sueco cuando empezaron a asistir al colegio; en el caso de Elisabeth y Anders, esa situación ha cambiado desde que comenzaron sus clases bilingües o en un colegio inglés: ahora se expresan como si los dos idiomas fueran su lengua materna.

«Creo que la ventaja es que el niño puede asociar un sistema lingüístico con cada uno de los progenitores y diferenciar dos idiomas a nivel mental en las primeras fases de su vida. El inconveniente es que yo (o mi marido) tengo que parecer maleducada con nuestros invitados monolingües. Incluso en público (en tiendas, en el jardín de infancia, etc.), en ocasiones me siento un poco incómoda hablando en la lengua minoritaria.»

(KAORI MATSUDA, Australia)

«Nunca he hablado en inglés con mis hijos. Tenía muy claros mis principios sobre ese aspecto del proceso de aprendizaje.»

(ANDREAS SCHRAMM, Minnesota)

«Cuando nuestra segunda hija estaba aprendiendo a hablar, miraba a una persona, se ponía las manos en la cabeza y decía: "Head" (cabeza). Si no obtenía respuesta, decía: "Huvud". La gente le respondía con las manos, los pies, la barriga. Era su manera de investigar qué idioma debía probar con cada uno.»

(Madre norteamericana en Suecia)

«Todos deberíamos utilizar una sola lengua (y la misma) con los niños cuando son muy pequeños. (He oído hablar de niños que se crían con tres o cuatro idiomas si asocian una determinada persona con un determinado idioma). Otra cosa importante es que haya al menos dos adultos que hablen la lengua "minoritaria" con el niño y entre ellos. Después de hablar de estos problemas con otras familias bilingües, llegamos a la conclusión de que el niño necesita escuchar "un diálogo". Tal vez ésta es la razón por la que mis hijos nunca se han negado a hablar eslovaco en público. (Mi madre se quedaba con nosotros durante largos períodos de tiempo y siempre hemos pasado las vacaciones en Eslovaquia.)»

(ELENA BERTONCINI, Italia)

«Mis expectativas se han cumplido, y con creces. Mi hija es capaz de pasar del francés al inglés sin dificultad. Estoy satisfecha del funcionamiento del bilingüismo en mi familia.»

(LESLIE YEE, Canadá)

El método «un progenitor, una lengua» significa, en general, que el niño convive con dos idiomas desde su nacimiento. Algunos padres creen que dos lenguas a la vez es demasiado para un bebé. Temen que el niño acabe completamente confundido y sin una competencia real en ninguno de los dos idiomas. Estos temores pueden avivarse si se observa que un niño, en una determinada fase de su desarrollo bilingüe, mezcla los dos idiomas sin ningún orden, e incluso que niños mayores lo hacen en determinadas circunstancias. No obstante, y a pesar del período de confusión y frustración, los niños suelen salir airosos si reciben suficientes dosis de los dos idiomas, aunque los padres no se muestren especialmente coherentes. Los niños aprenden que pueden mezclar los idiomas para facilitar la comunicación o para acercarse a otros que comparten su formación lingüística, pero pronto aprenden también a mantener las lenguas «puras» cuando están entre monolingües, al menos a nivel léxico, aunque todavía tengan interferencias de la lengua mayoritaria en la gramática y la pronunciación de la minoritaria.

Algunos padres con estos temores deciden no hablar la lengua minoritaria con sus hijos al principio, con la intención de introducirla más tarde, cuando el niño ya sea competente en la lengua mayoritaria. El problema de este plan es que resulta muy difícil cambiar la lengua que utilizas para hablar con una persona, y a los niños ya crecidos no les entusiasma que les hablen en una lengua que no entienden; primero habrá que «enseñársela». Resulta mucho más sencillo con bebés, que no esperan entender lo que oyen.

Algunas familias deciden no hablar su idioma con sus hijos porque esperan que éstos asimilen totalmente la cultura mayoritaria. En el pasado, a los padres se les aconsejaba que no hablasen su propia lengua con sus hijos. Hoy se cree que ese consejo era erróneo. Los niños se defienden muy bien con la lengua mayoritaria si reciben una aportación suficiente por parte de hablantes nativos. Si la lengua mayoritaria que escuchan procede de hablantes no nativos, mostrarán influencias de esos hablantes cuando se expresen en la lengua mayoritaria. Además, los niños de cierta edad pueden sentir vergüenza o considerar inferiores a sus padres si éstos no hablan bien la lengua mayoritaria, sobre todo si ésa es la lengua que los padres utilizan con sus hijos. Es una pena negar a los niños el acceso a la lengua y la cultura de sus padres. Cuando sean mayores, es posible que lamenten no haber aprendido la lengua de sus padres y que se sientan despojados de parte de su herencia.

En las familias que viven con dos idiomas es frecuente que los padres empiecen utilizando cada uno su propia lengua para hablar con los niños, pero acaben pasándose a la lengua mayoritaria. Parece más probable que así ocurra si los padres utilizan la lengua mayoritaria para comunicarse entre ellos, de manera que el progenitor que habla la lengua minoritaria sólo tiene que cambiar a ésta cuando hable con los niños. Si éstos pasan por una fase (temporal o permanente) de responder al progenitor de la lengua minoritaria en la mayoritaria, resulta sencillo que continúen en esa lengua, que es la dominante de los niños. Así, es posible que el adulto que habla la lengua minoritaria acabe rindiéndose ante lo que parece una lucha estéril por imponer un idioma a unos niños reticentes y deje de utilizar su lengua o la emplee sólo esporádicamente. Este resultado puede percibirse como un fracaso. Si es posible, sería mejor seguir utilizando la lengua minoritaria con los niños, aunque éstos respondan en la mayoritaria: sólo con escuchar, estarán aprendiendo de forma pasiva, y los conocimientos pasivos de una lengua pueden convertirse fácilmente en activos durante un viaje al país donde se habla esa lengua.

«Cuando le recuerdo que pregunte a su madre la palabra que necesita, ella continúa en portugués. Creo que mi mujer no esperaba tener que vigilar el habla de Isis, y casi nunca lo hace, así que soy yo el que tiene que recordarles las normas a las dos. Supongo que me gustaría que el bilingüismo de Isis no fuese otro de los campos en los que me toca ser el que impone disciplina en la familia.»

(DON DAVIS, Boston)

«Preferiría que mis hijos me respondiesen siempre en alemán. Sin embargo, cuando viajamos a Alemania, todos lo hablan sin problema al cabo de unos días (entre dos y cinco) [...] Esperaba que la situación fuese más equilibrada, pero entiendo que las circunstancias no lo permiten. Todavía me gustaría que mis hijos hablasen más alemán conmigo, pero me satisface ver que mi hijo mediano, de 8 años, lo habla bastante.»

(ANDREAS SCHRAMM, Minnesota)

«Aunque casi todo el mundo da por sentado que es más fácil hablar la lengua materna, no siempre es así. Habitualmente hablo en hebreo (excepto en clase, cuando enseño inglés), y, aunque puedo expresarme con mayor claridad y de manera más sofisticada en inglés, me resulta más sencillo hablar en hebreo. En momentos de cansancio, no tengo fuerzas para hablar en inglés con mis hijos. Sé que no debería ser así (creo que los padres tienen que ser coherentes con las lenguas que utilicen), pero es la verdad. Conozco a varios hablantes de inglés que nunca han hablado ese idioma con sus hijos por esa misma razón.»

(Bari Nirenberg, Israel)

Algunos padres inmigrantes acaban utilizando la lengua mayoritaria con sus hijos porque conviven con hablantes monolingües de esa lengua. Por ejemplo, una madre inmigrante que trabaje como niñera no podrá hablar su lengua con libertad a sus propios hijos sin provocar que los niños a su cargo se sientan desplazados. Frente a la posibilidad de decirlo todo dos veces y cambiar a la lengua mayoritaria cuando los niños que cuida están presentes, resulta sencillo entender que la lengua mayoritaria acabe imponiéndose.

«Ayer, Freddy se quedó en casa de mi hermana durante un par de horas. Cuando fui a recogerle, le hablé en inglés delante de los demás, pero me pareció falso. Me pregunto si Freddy se ha dado cuenta. La semana pasada le llevé a mi oficina y también le hablé en inglés en presencia de mis compañeros. Naturalmente, él no me responde cuando le hablo en inglés. Lo hago por los demás, por educación.»

(Margo Miller, Estados Unidos)

«A veces, en determinadas situaciones, es de mala educación hablar en inglés en público. La gente puede pensar que nos creemos superiores o que intentamos "hablar a sus espaldas", pero en su cara. En las fiestas es un problema, así que optas por hablar en español.»

(HAROLD ORMSBY L., México)

«Antes hablaba en inglés para no excluir a nadie. Ahora no me importa lo que piensen. Mi relación con mi hijo es más importante que eso.»

(EDGAR MONTERROSO, Estados Unidos)

«Cuando teníamos invitados alemanes, mi marido les hablaba en alemán, pero seguía hablando en holandés con los niños, cosa que siempre me ha molestado porque lo consideraba de mala educación, sobre todo porque me pedían que tradujese. A pesar de todo, el sistema funcionó muy bien.»

(GABRIELE KAHN, Oregón)

«Hubo una etapa en la que nuestro hijo protestaba cuando alguien utilizaba el idioma inesperado [...]. Ya ha dejado de hacerlo, quizá porque ha desarrollado su conciencia metalingüística: si puede utilizar dos idiomas, ¿por qué los demás no?»

(STEVE MATTHEWS, Hong Kong)

Una lengua, un lugar (la lengua minoritaria en casa)

Los padres con lenguas de origen distinto a los que les preocupa que la lengua minoritaria se pierda si los hijos sólo la escuchan de uno de los progenitores pueden optar por el modelo «una lengua, un lugar»: el padre y la madre hablan la lengua minoritaria en casa con sus hijos. Este método también es el más elegido por las familias en las que el padre y la madre son hablantes nativos de la lengua minoritaria. Esto puede significar que los niños se enfrenten por primera vez a la lengua mayoritaria en el parque o cuando empiecen el colegio. Por suerte, los niños se muestran muy motivados cuando se trata de aprender el idioma que necesitan para comunicarse, y por lo general se defienden muy bien cuando conocen a hablantes monolingües de la lengua mayoritaria. Este modelo resulta especialmente adecuado cuando la lengua minoritaria recibe poco o ningún apoyo por parte de la comunidad. En tales casos, conviene utilizar esa lengua en todas las situaciones posibles; incluso la participación del progenitor que no es hablante nativo puede resultar útil. No obstante, algunos puristas rechazarían la idea de que los padres hablen a sus hijos otra lengua que no sea la suya.

«Soy chicana [persona de origen mexicano que vive en Estados Unidos]. Crecí en Los Ángeles, en una familia de hablantes monolingües de español. Mi primer contacto con el inglés tuvo lugar en el jardín de infancia, y en primer curso de primaria los profesores no aceptaban otro idioma que no fuese el inglés. Esto significaba, literalmente, que si no pedía permiso para ir al lavabo en inglés, no me dejaban ir.»

(Anónimo, Estados Unidos)

«Aunque es norteamericano, a mi marido le encanta hablar alemán, así que todos hablábamos alemán en casa. De lo contrario, los niños podrían perder el idioma por completo porque ahora hablan inglés entre ellos casi siempre. Conozco a muchos adultos que llegaron al país de pequeños y han perdido por completo su lengua materna. Siempre me resulta difícil imaginármelo cuando me dicen: "Mis padres hablaban alemán en casa, pero yo no lo hablo".»

(Gabriele Kahn, Oregón)

«Entiendo la preocupación por que el niño hable el idioma del jardín de infancia (por lo general, la lengua mayoritaria) antes de empezar. Sin embargo, creo que a esa edad (2 años y medio-3 años), al menos en Bélgica, los niños están capacitados para aprender ese nuevo idioma, sobre todo porque van a estar expuestos a él la mayor parte del día. Antes de empezar el jardín de infancia, yo hablaba español y alemán. La lengua mayoritaria aquí es el francés, así que entré en el jardín de infancia sin saber ni una palabra de francés. Mi madre dice que en unos meses me puse al nivel de mis otros dos idiomas. Ahora el francés se ha convertido en la lengua que más utilizo. ¡Me gustaría haberme preocupado por la lengua minoritaria desde el principio! Es la que habrá que defender y mejorar más adelante. La exposición a la lengua mayoritaria es tal que yo no me preocuparía por ella antes del jardín de infancia. Por desgracia, mi mujer no habla alemán, así que no podemos utilizarlo plenamente en casa. Creo que lo habría hecho para aumentar la influencia alemana en nuestro entorno francés.»

(Alfred Wiesen, Bélgica)

«He llegado a la conclusión de que no hay necesidad de exponer a los niños a la lengua mayoritaria en casa. Nos trasladamos a Japón cuando nuestro hijo mayor (por entonces, el único), Francis, tenía 7 meses. Dado que mi mujer habla inglés con fluidez (no es su lengua materna), establecimos una política del cien por cien de inglés en casa con excepciones para la socialización con hablantes japoneses. Al mismo tiempo, acordamos que Francis recibiría suficiente exposición al japonés fuera de casa, sobre todo cuando empezase el colegio, así que reforzamos el inglés en casa con el fin de maximizar la posibilidad de que se convirtiese en un niño realmente bilingüe. En cualquier caso, estábamos satisfechos con nuestro hogar inglés hasta que Francis cumplió 3 años. A partir de ahí empezamos a notar que cada vez se mostraba más tímido con los niños del vecindario. Temimos que fuese porque su progreso con el japonés iba por detrás del de sus compañeros, así que mi mujer empezó a hablarle en japonés durante el día, mientras yo estaba en el trabajo; cuando yo estaba en casa, hablábamos en inglés. El cambio fue espectacular. En cuestión de un par de meses, Francis se puso al nivel de sus compañeros monolingües en cuanto al japonés, y su timidez dejó de preocuparnos. No obstante, el péndulo no se detuvo en el centro y continuó con su arco. Nuestra opinión inicial sobre la exposición al japonés en el colegio ha resultado ser correcta. Francis habla japonés con un claro acento de Osaka (aunque algunos japoneses afirmarían que el acento de Osaka no es precisamente el más deseable). Nuestra preocupación ahora es que en casa muestra una clara preferencia por el japonés y la reticencia correspondiente a utilizar el inglés. Hace poco decidimos que mi mujer debería intentar volver a utilizar el inglés durante el día, tanto para animar a Francis a practicarlo como por el bien de nuestros hijos pequeños. Si vuelvo la vista atrás, creo que nuestra reacción pudo ser exagerada. Ahora sabemos un poco más de las diferentes etapas "problemáticas" por las que pasan los niños, y que las superan sin mayores consecuencias. Además, la época de timidez de Francis coincidió con el nacimiento de nuestro segundo hijo, un acontecimiento que provoca tensión a cualquier niño. En resumen, recomendaría a los padres en situaciones similares que empiecen con el cien por cien de la lengua minoritaria en casa y la mantengan, siempre y cuando los niños tengan oportunidades de socializarse en el colegio con la lengua mayoritaria. Los niños la aprenderán sin ningún problema.»

(DAVID MEYER, Japón)

Incluso en un hogar en el que los padres hablan la lengua minoritaria con los niños y entre sí, y los hijos responden en esa lengua, se dan casos de niños que hablan entre ellos la lengua mayoritaria. Aunque puede alarmar a los padres y parece poner en peligro la política de hablar únicamente la lengua minoritaria que los padres intentan llevar a cabo, poco se puede hacer. La relación entre hermanos es privada y, en realidad, nada tiene que ver con los padres.

Que los padres de una familia que vive con dos idiomas decidan seguir el método «una persona, una lengua» o el de «un lugar, una lengua» dependerá de lo bien que hablen las lenguas en cuestión. Si los dos hablan con fluidez la lengua minoritaria, puede que decidan utilizarla en casa. Si el progenitor de la lengua mayoritaria entiende la minoritaria pero no la habla, podría ser suficiente utilizarla con los niños. Por último, si los padres consideran que deben hablar cada uno su propia lengua con los niños desde el primer momento, sería conveniente elegir el método «una persona, una lengua».

Bilingüismo «artificial»

Para las parejas monolingües puede parecer injusto no disponer de un modo natural de ofrecer a sus hijos lo que consideran el «don» de conocer dos idiomas. No obstante, existen familias que hacen todo lo posible para que sus hijos crezcan con dos idiomas. El método más extremo sería el de trasladarse a otro país: no sólo los niños, sino también los padres, se verán expuestos a una segunda lengua y tendrán que aprenderla. Muchos académicos europeos consideran un año o dos en una universidad norteamericana no sólo como un paso adelante en sus propias carreras, sino también un modo de ofrecer a sus hijos una inmersión total en inglés (y, de paso, mejorar su propio nivel).

Un método menos drástico consiste en matricular a los niños en un colegio internacional (si existe la opción en el lugar de residencia). Estos colegios imparten las clases en una lengua que no es la mayoritaria (por lo general, inglés o francés). En algunos casos, esos centros están pensados para alumnos que ya hablan la lengua utilizada, pero también existen colegios que ofrecen clases de inmersión para los principiantes, ya sea en grupo o con niños que ya conocen el idioma. En Canadá, por ejemplo, hay colegios de este tipo en los que niños que hablan francés se rodean de un entorno angloparlante y viceversa; el objetivo es que aprendan dos idiomas (véase, por ejemplo, Swain y Lapkin, 1982). También existen centros similares en las zonas bilingües de Finlandia, donde los niños que hablan sueco tienen la oportunidad de aprender finlandés y viceversa. De forma similar, los colegios «americanos» y los «ingleses» abundan en toda Europa, desde Nicosia hasta Estocolmo. Los resultados, en todos los casos, suelen ser muy buenos.

En situaciones multilingües, como ocurre en ciudades cosmopolitas como Ginebra o Bruselas, los padres se enfrentan a numerosas opciones en cuanto al desarrollo lingüístico de sus hijos. Las parejas que trabajan para un organismo internacional con sede en esas ciudades suelen vivir con dos idiomas; en dichas ciudades se habla más de una lengua, y muchos amigos y colegas hablan otros idiomas. La situación escolar refleja esa naturaleza multilingüe.

«Vivo en Bruselas y hablo danés e inglés. Mi mujer es italiana. Mis hijos están creciendo cuatrilingües (italiano, danés, inglés y francés). Y aquí hay comunidades enormes de situaciones mixtas/confusas similares.»

(IAN BO ANDERSEN, Bruselas)

«Es absolutamente necesario que los padres decidan qué lengua debería dominar el niño para su futuro, y ésa es la lengua en la que debería ser escolarizado/a (en especial "escolarizado", porque me da la impresión de que las niñas son más verbales que los niños), sin perder otras lenguas naturales en la familia (porque, al fin y al cabo, la lengua oral en general es mucho menos rica en vocabulario, gramática, etc., que la escrita). Ésa ha sido una decisión difícil para muchas de las familias multiculturales cuyos padres trabajan en Naciones Unidas, porque resultaba cada vez más evidente que el inglés es la lengua más importante del mundo, y ¿por qué privar a un niño de aprenderla como la lengua dominante, y no como una segunda lengua, cuando había la oportunidad de hacerlo?»

(PEGGY ORCHOWSKI, California)

Otro modo de crear una situación en la que los niños se expongan de manera natural a dos idiomas consiste en contratar a una canguro extranjera o a una niñera inmigrante que sea hablante nativa de la lengua que los padres desean para su hijo. Si esta opción no es viable, hay padres monolingües de la lengua mayoritaria que apuntan a sus hijos a clases de lengua extranjera adaptadas a su edad. Por lo general, en esas clases se trabaja con juegos sencillos y canciones que pueden ayudar a los niños a minimizar su acento extranjero si utilizan esa lengua en el colegio. Por desgracia, en muchas ocasiones esas clases están impartidas por hablantes no nativos de la lengua en cuestión. Es tan fácil para los niños muy pequeños adquirir el francés, por ejemplo, con acento inglés como con una pronunciación de hablante nativo.

Hay padres muy ambiciosos que se embarcan en la misión de ofrecer a sus hijos un segundo idioma que no es la lengua materna de ninguno de los progenitores. Se puede llevar a cabo con el método «una persona, una lengua», el padre o la madre habla la lengua minoritaria con los niños, o mediante el método «un lugar, una lengua», si tanto el padre como la madre deciden hablar la lengua minoritaria en casa. Los padres que deciden enseñar dos idiomas a sus hijos con este método suelen estar muy motivados, un requisito indispensable para este tipo de aventura. George Saunders (1982, 1988) describe cómo él y su mujer criaron a sus hijos en alemán e inglés en Australia, aunque ambos eran hablantes de inglés de procedencia monolingüe. Los dos habían estudiado alemán y habían vivido en Alemania, y creían que el bilingüismo tendría un efecto positivo en las vidas de sus hijos. Saunders y su mujer salieron airosos y lograron que sus hijos alcanzasen un buen nivel de alemán. Su libro de 1988 constituye un documento fácilmente legible sobre sus experiencias. Otro método es el que refleja el siguiente relato.

«Todos los miembros de mi familia compartían una primera lengua, el finlandés. No había una necesidad urgente de convertirnos en multilingües, pero mis padres tuvieron la original idea de que mi hermano y yo debíamos liberarnos de ataduras emocionales a una sola cultura para que en el futuro pudiésemos elegir dónde queríamos vivir. Deseaban que aprendiésemos inglés. Para animarme a aprender a leer en finlandés rápidamente me prometieron un reloj de pulsera; me lo gané aprendiendo a leer en torno a los 5 años. Después empezamos a aprender inglés en familia con un curso titulado "English by the Nature Method" (creo). El curso consistía en textos escritos con la correspondiente transcripción fonética debajo de cada línea. Además, se incluían cintas de audio. Tardamos alrededor de cuatro años de estudio diario en acabar el curso. (Visto desde el presente, me doy cuenta de que es algo inusual, pero de niña no sabía que los demás no hacían las cosas así. Por lo que recuerdo, creía que era divertido aprender inglés.) Cuando tenía unos 9 años, mis padres nos dijeron que íbamos a dejar de utilizar el finlandés para empezar a hablar solamente inglés en casa. Me sentí muy amenazada, pero mis padres me aseguraron que no me olvidaría de hablar finlandés (en realidad, no tenían razón del todo, pero en fin...), y me adapté a la nueva situación. Hablábamos inglés en un entorno no inglés, sin ninguna intervención de hablantes nativos, excepto las noticias de la BBC y alguna que otra visita de amigos británicos. Así, mi familia desarrolló una variedad casera de inglés, algo que visto desde el presente parece una muy mala idea. Sin embargo, cuando llegué a Estados Unidos a mis 19 años no tardé en pillar la pronunciación y la pragmática de un hablante nativo (no todo el mundo se da cuenta de que no lo soy), así que tengo que admitir que al final fue una buena idea.»

(MAI KUHA, Estados Unidos)

4

Desarrollo de la lengua

Durante los cinco primeros años de vida, la inmensa mayoría de los niños se convierten en hablantes eficaces de su primera lengua. Se trata de un logro considerable. Aunque cada niño es distinto y adquiere la capacidad del lenguaje a su propio ritmo, existen determinadas etapas por las que deben pasar todos los niños con un desarrollo normal.

La primera de esas etapas es la fase preparatoria. Durante su primer año de vida, los niños aprenden a reconocer varias palabras. Puede parecer poco: al fin y al cabo, un perro también es capaz de reconocer varias palabras, pero el niño logra mucho más que eso durante su primer año. Pasa de ser capaz de distinguir entre los sonidos de cualquiera de las lenguas del mundo a ignorar las diferencias entre sonidos que no se emplean en la lengua o las lenguas que se utilizan para hablarle. Además, entrena sus órganos del habla mediante el balbuceo (practica los sonidos de la lengua y diferentes tipos de entonación). Asimismo, desarrolla su lenguaje corporal y lo utiliza junto con la entonación de manera que los que le rodean saben cómo se siente o qué quiere.

En torno al final del primer año o al principio del segundo, el niño empezará a pronunciar sus primeras palabras. Al principio serán aisladas o irán acompañadas de balbuceos. Cuando un niño empieza a producir palabras, ya no hay quien le pare. Al final del segundo año, habrá empezado a unir palabras y sabrá perfectamente cómo comunicar sus necesidades, incluso sin utilizar palabras. ¡Se puede conseguir mucho con gestos y con la entonación si tu interlocutor se interesa por lo que le quieres decir!

A partir de esta fase, el ritmo es vertiginoso. El vocabulario del niño aumenta rápidamente y la gramática de la lengua o las lenguas que está aprendiendo se desarrolla en las pruebas que realiza a partir de los modelos que observa para juntar palabras. Los lingüistas todavía no se ponen de acuerdo en torno a la cuestión de si el niño que crece con dos idiomas desarrolla inicialmente un sistema o los dos (véase Foster-Cohen, 1999).

Los niños que nacen en el seno de familias con dos idiomas o inmigrantes presentan un desarrollo del lenguaje que difiere en muchos aspectos del que experimentan los que nacen en familias monolingües con la lengua mayoritaria. En el caso de las familias que emplean los dos idiomas en casa, la principal dificultad a la que se enfrenta el niño es la exposición relativamente limitada a cada una de las dos lenguas. Si los bebés ingleses monolingües escuchan a su padre y a su madre decir las mismas cosas (por ejemplo, «Here's your teddy», «Where's your teddy now?», «What a nice teddy!»), los niños cuyos padres hablan idiomas distintos escucharán menos palabras de cada uno de esos idiomas. Si los padres no invierten la misma cantidad de tiempo hablando con sus hijos, que es lo que ocurre en la mayoría de las familias, los niños dispondrán de pocas oportunidades de aprender el vocabulario de una de las lenguas. Y, además, tendrán que esforzarse mucho para separar los sonidos en fragmentos de lenguaje con sentido, porque escucharán las mismas palabras repetidas menos veces.

El hecho de que cada objeto tenga dos nombres supone una fuente de angustia para algunos niños. Imagina la decepción de un niño de 1 año que corre emocionado hacia su madre diciendo «sko, sko!» con sus zapatos nuevos en la mano para escuchar cómo ésta le responde «Well, actually, mummy says shoe» o, incluso peor, «No, it's a shoe». En estas circunstancias, lo mejor sería decir algo como «Yes, there's your shoe!». Obviamente, se requiere mucho tacto para ayudar al niño a darse cuenta de lo que está pasando: que, en realidad, hay dos sistemas muy distintos funcionando. Lo que dice el niño es correcto, pero inadecuado.

Estos niños tienen que aprender muchas más cosas que los monolingües.

La coherencia por parte de los padres resulta de gran ayuda en las primeras etapas. Consiste en que cada uno de los progenitores utilice una lengua cuando hable directamente con el niño y, si es posible, que no cambie en función de quién esté presente. Las familias encuentran las formas más diversas de encajar sus idiomas y, en general, establecen reglas no escritas sobre quién habla qué lengua, a quién y en qué circunstancias. Hay mucho que decir sobre el método «una persona, una lengua» según el cual cada uno de los progenitores habla su propio idioma con el niño, en todas las circunstancias. Así, el niño puede asociar las palabras de cada uno con el padre y la madre. Otra solución habitual consiste en utilizar la lengua minoritaria en casa y la mayoritaria fuera de casa. En el caso de los niños menores de 2 o 3 años, para los padres puede ser más cómodo seguir hablando la lengua minoritaria también fuera de casa como ayuda para que organicen los idiomas. Lo más importante es hallar un método que satisfaga a todos los miembros de la familia. Por lo general, los niños se adaptan a cualquier sistema que decidan los adultos y superan las posibles inconsistencias a largo plazo.

En torno a los 2-3 años, muchos niños criados con el método «una persona, una lengua» habrán logrado cierto nivel de conciencia metalingüística; por ejemplo, serán capaces de hablar sobre sus idiomas y decir cosas como «Mummy says *"dress"*, daddy says *"klänning"*». En esta fase, el niño es consciente de que en casa hay dos sistemas e intentará mantener el desarrollo del vocabulario, de manera que buscará la palabra correspondiente en un idioma a una palabra nueva en el otro. La madre puede mostrarle un objeto y preguntar al niño: «¿Qué es esto?». Si el niño conoce la palabra correcta, la madre le dará la correspondiente en su propia lengua. Si el padre hace lo mismo, él dirá la palabra en su idioma. En esta fase, muchos niños también responderán a preguntas como «¿Qué dice papá?» formuladas por la madre en el idioma del padre (que la madre no utiliza normalmente).

Ejemplo

Elisabeth (2 años y 5 meses) está muy contenta con sus dos idiomas y le dice a su madre cosas como «Pappa says *"macka"*» (Papá dice «*macka*») cuando le sirven un sándwich. Al preguntarle «What does mamma say?» (¿Qué dice mamá?), Elisabeth responderá «Mamma says *"sammich"*». En una ocasión, le preguntamos «What does Elisabeth say?» (¿Qué dice Elisabeth?) y se quedó en silencio, totalmente desconcertada.

En este nivel, el niño que se ha dado cuenta de que se emplean dos sistemas distintos no ha captado realmente la noción de su propio bilingüismo. Ve que sus padres utilizan un sistema distinto al suyo. Su percepción de sus padres como hablantes monolingües del idioma que emplean para dirigirse a él no se ha visto afectada por el hecho de escuchar a sus padres utilizando la otra lengua con otras personas, o incluso entre ellos.

En las familias que utilizan el sistema «una persona, una lengua», algunos niños llevan un poco más lejos la convención de quién habla qué idioma y con quién y la convierten en una regla inquebrantable. Estos niños evitan utilizar una palabra del idioma inadecuado para dirigirse al progenitor «equivocado» y se niegan a responder a una pregunta que requiera esa solución. Pueden mostrarse molestos si les hablan en la lengua «incorrecta» o bien encontrarlo muy divertido, aunque estén muy acostumbrados a escuchar a su padre o a su madre hablando el idioma del otro. De hecho, muchos niños dan por sentado que todos los adultos son monolingües y pueden sentirse horrorizados o encontrar muy gracioso que alguien que no pertenece a la familia más directa se dirija a ellos en la lengua minoritaria si saben que esa persona habla habitualmente la mayoritaria.

Ejemplos

Pat (3 años y 10 meses) asiste a una escuela sueca monolingüe. Un día, a la salida, el padre de otro niño le dijo: «Bye-bye, Pat». Pat empezó a reírse por lo bajo hasta que estalló en carcajadas.

Leif (4 años) quería participar en el juego de «hablar inglés» con su padre, pero era incapaz de pronunciar una palabra en inglés cuando hablaba directamente con él. Cuando éste le preguntó: «Hello Leif, how are you?» (Hola, Leif. ¿Cómo estás?), Leif quería responder, pero no podía romper la regla de oro que él mismo había impuesto para prohibir la lengua incorrecta, de manera que respondió a su padre de forma incoherente.

Lenguas activas y pasivas

Muchos niños pasan por una fase en la que discuten sobre el nombre de las cosas (entre los 18 meses y los 3 años, el mismo período en que empiezan a protestar por todo). A un niño que insiste en que una mesa es una silla se le puede decir que está equivocado, pero el que insiste en decir *mesa* en lugar de *table* a su madre francesa no está equivocado: únicamente, no utiliza el idioma adecuado. En ocasiones, los niños a esta edad prefieren una palabra en una lengua por la razón que sea, y utilizan esa palabra en los dos idiomas, aunque conozcan las dos versiones. Corregir este uso inadecuado de la lengua puede convertirse en una lucha muy cuesta arriba, pero es necesario, sobre todo si las palabras de la lengua mayoritaria son cada vez más numerosas cuando el niño habla la minoritaria. Aceptar el uso de estas palabras puede convertirse en el principio de algo peor, y, antes de que te des cuenta de lo que ha ocurrido, el niño podría estar hablando únicamente la lengua mayoritaria. Nuestra política consiste en asegurarnos de utilizar la palabra en la lengua apropiada en nuestra respuesta por si el niño no la sabe. Si esto no es suficiente, explicamos que, por ejemplo, «*sommarlov* en inglés es *summer holidays*». Por supuesto, muchas familias utilizan de forma sistemática y natural determinadas palabras de la lengua mayoritaria cuando no encuentran un modo adecuado de expresar lo que quieren en la minoritaria. Por lo general, ocurre así cuando se habla de temas específicos de la sociedad del país en el que vive la familia.

En muchas familias en las que los niños no hablan de forma activa la lengua minoritaria, aun cuando se les habla en esa lengua, el padre es el único responsable del desarrollo lingüístico del niño en la lengua minoritaria. Por las razones ya mencionadas, esta opción puede no dar buenos resultados, aunque incluso un conocimiento pasivo del idioma del padre merece la pena y resulta de gran ayuda en la comunicación con los parientes. Este tipo de competencia pasiva en una lengua puede pasar fácilmente a activa si se dan las circunstancias favorables y suficiente motivación (por ejemplo, que el niño visite solo a unos primos monolingües que hablan únicamente la segunda lengua, la que para él es la pasiva).

Otras circunstancias que pueden llevar a un conocimiento pasivo de la segunda lengua es que el progenitor de la lengua minoritaria utilice las dos lenguas cuando se dirige al niño. Este comportamiento puede convertirse fácilmente en un hábito, sobre todo si en casa suele haber niños monolingües de la lengua mayoritaria. Las opciones, en ese caso, son las siguientes: a) decir todo dos veces, una en cada lengua, b) hablar sólo la lengua minoritaria y dejar al margen a los niños que hablan la mayoritaria, o animar al niño que conoce las dos lenguas a hacer de traductor, y c) hablar sólo la lengua mayoritaria con todos los niños. Esta última solución es la más habitual y puede provocar que los niños respondan al progenitor de la lengua minoritaria en la mayoritaria y que, a la larga, se nieguen a utilizar la lengua minoritaria.

Un problema añadido es que si el progenitor de la lengua minoritaria no utiliza su idioma delante de hablantes de la mayoritaria, tal vez para que no se sientan desplazados o para evitar que crean que se está hablando de ellos, el niño puede empezar a pensar que la lengua minoritaria es inferior y no apta para su uso en público. Esta idea puede provocar un sentimiento de vergüenza en el niño si el padre o la madre utilizan su idioma en lugares públicos. Si las cosas llegan hasta el punto de que el progenitor de la lengua minoritaria se siente obligado a hablar su segunda lengua en público, e incluso en privado con el niño, el adulto puede perder credibilidad a ojos del niño. En lugar de ser hablantes elocuentes, capaces de exponer con convicción los principios en los que creen, algunos padres inmigrantes se convierten en hablantes dubitativos y torpes. Criar a un niño, con todo lo que ello implica (cantar canciones infantiles, leer en voz alta, convencer, regañar, afrontar la retórica y las rabietas de los adolescentes e imponer límites), resulta infinitamente más difícil si hay que hacerlo en una segunda lengua en lugar de la propia. Este argumento también sirve para los padres a quienes les parece poco natural hablar su propia lengua, la minoritaria, con sus hijos si éstos no tienen nadie más con quien hablarla.

Debido a las diferencias en cuanto a estímulos y exposición a cada lengua por parte del niño, puede ocurrir que una u otra se convierta en la dominante en diferentes momentos. En las familias cuyos padres hablan la lengua minoritaria a sus hijos en casa, la lengua dominante será la minoritaria. Si cada uno de los progenitores habla su propia lengua con el niño, el idioma de la madre puede ser el dominante al principio si ella es la que pasa más tiempo con el niño. Si la lengua de la madre es la minoritaria, es probable que quede relegada por la mayoritaria cuando el niño empiece a asistir al colegio, si no antes. La lengua minoritaria puede convertirse de nuevo en la dominante si se produce una estancia prolongada (de al menos un mes) en un país donde se habla dicha lengua.

Este cambio a la lengua mayoritaria a expensas de la minoritaria se produce, en general, en torno a los 2 años y medio. Ha ocurrido así en varias de las familias que entrevistamos. Para algunas, supuso el fin del uso activo de la lengua minoritaria por parte del niño; en otras, un viaje a un país donde se habla la lengua minoritaria fue suficiente para poner las cosas en su sitio y lograr que el niño volviese a hablar dicha lengua. Ésa fue nuestra experiencia con Leif a esa edad. Algunas de las familias que nos han hablado de su situación consideran que las cosas habrían ido mejor si hubiesen actuado de otra manera.

«Tal vez no habría contestado a mis hijos cuando me hablaban en español, si hubiese tenido que hacerlo una y otra vez, para obligarles a utilizar el inglés. Supongo que, básicamente, han asimilado el inglés y que su conocimiento pasivo se puede convertir en activo cuando decidan que quieren utilizarlo por la razón que sea.»

(SEAN GOLDEN, Barcelona)

«Habría sido incluso mejor si hubiese mantenido alguna "norma" para dirigirme siempre a ellos en inglés, no en sueco, pero en realidad creo que habría sido difícil de conseguir. Me he rendido a la realidad de que Suecia es su país natal, que tienen amigos suecos y van a colegios suecos, pero yo siempre he mantenido que soy estadounidense, no sueca. Nuestras normas familiares son una mezcla de ambas culturas; así, cuando visitan a sus parientes de Estados Unidos pueden sentir que también forman parte de esa cultura.»

(NANCY HOLM, Suecia)

«Me siento decepcionada por no haber conservado mejor las lenguas que forman parte de sus vidas. Todos nuestros mejores amigos son bilingües, pero de lenguas distintas. Ojalá mi marido y yo hubiésemos hecho un pacto. Yo estudié su idioma, pero no hablo bien el árabe. Incluso intentamos poner en marcha una escuela en árabe con otras familias que hablan la misma lengua, pero sólo duró unos tres meses. En realidad, no sé la respuesta. Si los colegios hubiesen apoyado la segunda lengua ofreciendo clases, habría sido tremendo. He apuntado a mis hijos a un campamento de verano en español. Voy a probar. Deseo que sean bilingües. Las cosas podrían haber ido mejor con más apoyo para la comunidad a través de la escuela. Y también habría ayudado que mi marido y yo tuviésemos la misma lengua materna o que al menos intentásemos aprenderla mejor. Ahora nos lamentamos de no haber sido más claros exponiendo nuestras expectativas y qué lengua tendríamos que haber utilizado.»

(Una madre en Carolina del Norte)

Interferencia y mezcla

Los niños que crecen aprendiendo simultáneamente dos (o más) lenguas suelen pasar por una fase en que las mezclan. En la fase de emisión de palabras sueltas, éstas parecen surgir de forma indiscriminada de una u otra lengua. Cuando el niño ya pronuncia dos o tres palabras juntas, se producen numerosas mezclas y se dicen cosas como «min book» (my book) o «jag want some» (I want some) en el caso de Elisabeth (2 años y 2 años y 4 meses), o «gör so here» (del sueco *gör så här*, «haz eso») por parte de Pat (4 años). Esta fase de mezcla se supera más o menos con el tiempo, y los niños aprenden a separar los dos idiomas. No obstante, no siempre ocurre así. Algunos niños mayores sustituyen palabras de la lengua mayoritaria por otras de la minoritaria en una frase de esta última sin inmutarse. Aunque conocen las palabras que necesitan, dicen las primeras que se les ocurren sin tener en cuenta a qué lengua pertenecen.

En casa, donde todos entienden las dos lenguas, este tipo de batiburrillo cumple su propósito: todos captan la frase sin dificultad. Con parientes monolingües angloparlantes no se produce mezcla alguna. No es que el niño no pueda mantener separados los idiomas; más bien es que no se molesta en hacerlo. A pesar de la posible desesperación de los puristas, resulta positivo que al menos hable en inglés, la lengua minoritaria. Leif (9 años y 7 meses) todavía respetaba la regla de hablar en inglés con su madre, pero dejó de realizar el ligero esfuerzo de recordar la palabra inglesa si se le ocurría primero la sueca. A los 7 años preguntaba el vocabulario antes de empezar una frase. Con toda la tranquilidad de sus 9 años, pensó que si la comunicación funcionaba, no importaba el modo. A los 12 todavía producía alguna frase mixta de este tipo, aunque era capaz de repetir la oración y sustituir todas las palabras suecas por sus correspondientes inglesas. Resulta más difícil hacerle comprender las interferencias gramaticales del sueco.

Las interferencias entre lenguas pueden ser mucho más sutiles que la sustitución de palabras. Los matices de significado y los «falsos amigos» dan lugar a numerosos malentendidos, una fuente de diversión para los niños con dos idiomas. De forma similar, en su esfuerzo por dar sentido al caos lingüístico que les rodea, algunos niños con dos idiomas recurren a la traducción directa dando por sentado que una palabra con una determinada traducción en un contexto siempre se traduce igual.

Ejemplos

La palabra inglesa *hat* posee un significado más amplio que la sueca, similar, *hatt* (que significa sombrero de copa, bombín o sombrero de señora), mientras que el vocablo sueco *mössa* hace referencia a las gorras y los gorros de lana. Los niños hablando en sueco sobre sus *hattar* resultan muy divertidos.

En sueco, *nos* se refiere al hocico de un animal. Anders (3 años y 4 meses) utilizaba esa palabra en lugar de la correcta, *näsa*, en exclamaciones como «min nos!» para pedir que le sonásemos la nariz.

El vocablo sueco para *snowman* (muñeco de nieve) es *snögubbe*; *gingerbread man* (galleta de jengibre en forma de muñeco) se dice *pepparkaksgubbe*; *green man*, el muñeco verde que indica que se puede cruzar la calle, es *grön gubbe*, y *the man in the moon* (personaje típico de los cuentos anglosajones) es *gubben i månen*. Cada vez que Leif (3 años) quería decir «hombre» en sueco, utilizaba el término *gubbe*, que en realidad significa «anciano», y no resulta muy educado decir eso delante de la gente.

Existen otros tipos de interferencias entre lenguas. La más obvia posiblemente sea el acento extranjero. La lengua mayoritaria que se habla fuera del seno familiar, en el colegio y en todas partes suele convertirse en la lengua dominante de los niños más mayores. Muchos niños criados con dos idiomas hablan la lengua minoritaria con acento. Para algunos padres puede suponer una sorpresa o incluso un shock (como nos ocurrió a nosotros): ¿no se supone que tendrían que ser capaces de hablar sin acento si empiezan desde muy pequeños? En parte, depende de la capacidad lingüística del niño: los que no tienen la suerte de ser hábiles con los idiomas pueden terminar adoptando el mismo acento extranjero que un hablante de la lengua mayoritaria tendría en la minoritaria. Del mismo modo que Leif utiliza palabras suecas en una frase en inglés, introduce sonidos suecos en palabras inglesas. En cierto modo, y debido tal vez a la no muy abundante exposición al inglés, no ha logrado desàrrollar un sistema fonológico claramente separado para el inglés. Se trata de un problema que hemos observado en otros niños que viven en Suecia y hablan inglés y sueco. Resulta interesante el hecho de que el acento extranjero de los niños parece disminuir a medida que crecen y toman conciencia de las diferencias fonéticas entre las lenguas. Podría tratarse de una consecuencia de las clases de inglés en el colegio. Por ejemplo, cuando aprendieron a pronunciar <th>, Leif (12 años) y Anders (10 años y 3 meses) corregían a Pat (6 años y 5 meses) y a Elisabeth (4 años) cuando decían <f> en lugar de <th>.

Ejemplos

Leif (8 años y 5 meses): «I fink so». Pat (4 años): «Fank you» (aunque la pronunciación de *th* como *f* no es inusual incluso en niños angloparlantes monolingües, no es un elemento del habla que escuchen de otras personas).

Leif (5 años): «Wery good!».

Anders (7 años y 8 meses) pronuncia las secuencias <rn>, <rt>, <rd>, <rs>, <rds>, etc., como sonidos retroflexos, parecidos a los ingleses <n>, <t>, <d>, <sh>, <dsh>, con la punta de la lengua hacia arriba y hacia atrás, según las normas fonológicas del sueco; así, *birds* se convierte en algo parecido a *birch*. Actualmente Anders tiene 15 años y todavía le ocurre en alguna ocasión.

La variación del inglés británico entre la <l> «corta» y la «larga», estuvo ausente mucho tiempo del habla de Leif y Anders, que pronunciaban la <l> de *light* y la de *well* sin levantar la parte posterior de la lengua; al crecer desarrollaron esta distinción. Pat y Elisabeth nunca han tenido problemas para producir una <l> larga.

El sonido <z> al final de palabras como *flies* lo pronuncian como una <s> sorda.

Leif (9 años y 5 meses): las vocales suecas /i:/ e /y/ se confunden, de manera que *by* (pueblo) se convierte en *bi* (abeja) en un dictado realizado en clase.

La estructura de las frases puede verse afectada por las transferencias entre lenguas, con errores tan garrafales como «I want not» (Leif, 5 años y 3 meses) en lugar de «I don't want to» (se trata de una traducción literal del sueco «Jag vill inte»). Y también ocurre al contrario: «Jag vill ha ett glas av vatten» (I want a glass of water, Anders a los 7 años y 5 meses), cuando el *av* no debería estar presente en la frase en sueco. Los chicos ya son muy conscientes de estas diferencias (que se enseñan explícitamente en las clases de inglés del colegio) y se corrigen entre ellos y con sus hermanos más pequeños, aunque no hablan en inglés entre ellos.

Si reciben más exposición a la lengua minoritaria en el futuro, cuando estos niños comiencen a viajar solos, sus experiencias de la infancia y su excelente comprensión de la lengua hablada les resultarán muy útiles y les proporcionarán una base sólida sobre la cual podrán desarrollar su vocabulario y su gramática. Estos niños poseen un extenso vocabulario pasivo, tienen voluntad y capacidad de comunicarse con hablantes ingleses y se hacen entender y entienden lo que se les dice sin problemas. Cuando empiecen a aprender inglés en el colegio, es probable que se les dé bastante bien, cosa que no ocurriría de no ser por sus conocimientos previos. El posible efecto en la lengua dominante de Leif, el sueco, es potencialmente más serio, pero no ha llegado a la fase en la que parece no nativo.

Una característica de todos estos tipos de aprendizaje, en los que los idiomas se utilizan sólo en determinadas circunstancias o con ciertas personas (por ejemplo, inglés sólo con la madre, la abuela y las amigas de la madre y sus hijos; sueco en el resto de las situaciones), es que el vocabulario en las dos lenguas se aprende de manera irregular. Los niños pueden conocer todo tipo de palabras y expresiones en inglés asociados con actividades que hayan hecho con su madre, como por ejemplo, cocinar, cuidar el jardín, montar en bicicleta, escribir cartas, poner la mesa o hacer las camas. Posiblemente, no conocerán las palabras correspondientes en sueco, aunque sea su lengua dominante. Del mismo modo, es posible que nunca hayan escuchado las palabras en inglés referentes a las actividades que realizan con el padre, como reparar el coche, fregar el suelo, jugar a fútbol o cortar leña.

Todos los niños son distintos, y también los que crecen con dos idiomas. Lo que es cierto para uno puede no serlo para otro. No existen dos niños que tengan la misma combinación de puntos fuertes y débiles, ni siquiera aunque hayan crecido en la misma familia. Leif y Anders son un buen ejemplo. Para Leif, el sueco es la lengua dominante desde que empezó el jardín de infancia, y su inglés no se ha desarrollado hasta un punto en el que podría definirse como nativo (aunque tiene un control funcional del inglés que supera con creces al de sus compañeros de clase monolingües). A los 7 años y 10 meses, Anders era casi igual de competente en las dos lenguas. A los 10 años y 3 meses, el sueco era indiscutiblemente su lengua dominante, pero su inglés era satisfactorio, aunque tenía un vocabulario limitado debido a sus reticencias a leer libros en inglés y a la falta de hablantes con los que interactuar. Su pronunciación no era muy acentuada, y apenas utilizaba palabras suecas en frases en inglés. A los 14 años y 10 meses, se desenvuelve como un nativo en los dos idiomas. La estructura de sus frases es mucho mejor que la de Leif en inglés.

Simplemente, se le dan mejor los idiomas y, por tanto, está mejor equipado para convertirse en un hablante similar a uno monolingüe en sus dos idiomas.

Hombres y mujeres utilizan el lenguaje de manera distinta. Por lo general, en las familias monolingües es la madre la que intenta animar a los niños a moderar su lenguaje y a evitar el uso de expresiones malsonantes, mientras que el padre introduce precisamente esas expresiones, en especial con los hijos varones. Si la madre y el padre hablan idiomas distintos, no tienen ocasión de equilibrar la exposición de los niños a las dos lenguas. El uso del idioma de la madre por parte de los hijos (inglés en el caso de los niños de los ejemplos) puede carecer de una participación masculina y sonar un poco afeminado. Por el contrario, el sueco de las niñas, sin el toque materno para moderar el habla del padre, puede presentar un tono poco femenino. Es el caso de este ejemplo de Elisabeth (2 años y 5 meses): «Nu ska vi käka» (literalmente, «¡A comer!», con la particularidad de que *käka* es una palabra vulgar que significa «comer» y nada adecuada para una niña de 2 años).

«Los padres deben hacer hincapié en la importancia de los dos idiomas. Al principio, dimos por sentado que si los dos hablábamos inglés en casa, los chicos aprenderían un chino aceptable fuera. Más tarde nos dimos cuenta de que mi hijo hablaba una variedad de mandarín que nos resultaba ordinario y nada sofisticado. La situación mejoró mucho cuando mi marido empezó a hablar mandarín con él en casa. En mi opinión, es necesaria la exposición a los dos idiomas de los padres para que los niños aprendan la versión "elaborada" de una lengua.»

(KAREN STEFFEN CHUNG, Taiwan)

Hipótesis del período crítico

Si aprendes una única lengua desde la infancia, se dice que eres un hablante nativo de esa lengua. Si recibes suficiente exposición a otra lengua, puedes lograr una competencia de nativo en ese idioma. Por desgracia, resulta difícil recibir esa exposición y practicar más de una lengua. Aunque existen algunos individuos afortunados que pueden considerarse bilingües equilibrados, que dominan dos (o más) idiomas como nativos, lo más habitual, incluso entre quienes aprenden dos idiomas desde la infancia, es que una lengua se convierta en la dominante y la otra no llegue a la consideración de nativa.

En general, los adultos que llegan a un nuevo país y aprenden el idioma no alcanzan el nivel de sus habitantes. Los más motivados o los que poseen más facultades pueden lograr un nivel de competencia propio al de una lengua materna en la gramática, el vocabulario y la semántica, pero sólo los más dotados llegarán a tener una pronunciación de nativo. Los niños pequeños son capaces de aprender a hablar una segunda lengua sin restos de acento extranjero, tal como aprenden la primera. No se sabe muy bien cuáles son los motivos. Una posible explicación se encuentra en la hipótesis de la edad crítica o el período crítico, según la cual hay un momento en el desarrollo del niño en que la adquisición del lenguaje se produce sin apenas esfuerzo; después de cierta edad, el cerebro ya no es capaz de aprender de ese modo. Esta idea se basa en las primeras teorías sobre la lateralización del cerebro y la plasticidad neural (Penfield, 1965; Lenneberg, 1967). No existe un acuerdo general sobre la edad en cuestión, aunque se ha sugerido la pubertad como la candidata más probable (Major, 1990). La hipótesis del período crítico no está exenta de controversia. Se ha sugerido que las diferencias de aprendizaje entre niños y adultos podrían deberse a diversos factores sociales y culturales incontrolables (Flege, 1987). En *A Time to Speak* (1988), Thomas Scovel realiza una excelente exposición de este tema y llega a la conclusión de que existe un período crítico para la pronunciación, pero no encuentra pruebas de que la hipótesis del período crítico sea aplicable a otros aspectos del aprendizaje de una segunda lengua. Scovel sugiere que podrían existir razones sociobiológicas por las que los acentos se solidifican en la pubertad. Entonces asoman a la superficie otros aspectos de la percepción del propio ser y, por tanto, resulta adecuado que los individuos queden «marcados» como integrantes de un determinado grupo en ese momento.

Major (1990) sugiere que los adultos que han adquirido una sola lengua durante el período crítico y más tarde se han expuesto a una segunda lengua podrían no ser capaces de adquirir o mantener una competencia de nativo en la pronunciación de ambos idiomas. Esto significaría que si consiguen un nivel propio de una lengua materna en una segunda lengua, será a costa de la competencia de nativo en la primera. Otras posibilidades serían el mantenimiento de la competencia nativa en la primera lengua sin llegar a conseguir nunca el mismo nivel en la segunda (es la situación más habitual entre los que se encuentran aprendiendo una segunda lengua), o la pérdida de la competencia de nativo en la primera lengua sin llegar nunca a ese nivel en la segunda. Este caso resulta bastante habitual entre los inmigrantes que viven muchos años fuera de su país natal. Son considerados extranjeros (o, como mínimo, diferentes) en el país en el que viven, pero también en su país de origen, porque han perdido o han modificado parcialmente su primera lengua. Se trata de una situación personal difícil en la que las personas se sienten extranjeras en todas partes.

«Cuando estaba en Francia, algunas personas me dijeron que tenía acento americano cuando hablaba francés. Ni me lo creo, ni lo entiendo.»

(STEPHANIE LYSEE, Estados Unidos)

«Y ten en cuenta que si llegas a hablar con fluidez la L2 (segunda lengua), tu L1 se resentirá a menos que tus circunstancias

---

sean inusuales y tengan mucho contacto con ambas lenguas y en muchos temas. Aunque pensemos que la transferencia entre lenguas es "mala", se trata de la cosa más normal del mundo.»

(JANET FULLER, Estados Unidos)

«Creo que puedo hablar un holandés razonablemente bueno y sin acento a pesar de haber estado fuera más de 40 años, pero me cuesta. Cuando estoy en Holanda, no soy capaz de mantener el holandés y me paso automáticamente (en lo más animado de la conversación) al inglés.»

(HENRY K. VAN EYKEN, Quebec)

«Yo recalcaría que ellos [los inmigrantes] no sacrifican, y probablemente no deberían, su L1 para adquirir (y hablar con fluidez) la L2. Aunque tienen que ser flexibles y abrirse a una nueva cultura además de la lengua, es posible añadir un nuevo idioma en lugar de sustituirlo.»

(AYA MATSUDA, Indiana)

5

El niño con dos idiomas

Los niños que crecen con dos idiomas disponen de una oportunidad única de adquirirlos de una manera que no está al alcance de los que aprenden un segundo idioma en etapas posteriores. Esos niños disfrutan de un acceso potencial a los tesoros de dos culturas y pueden convertirse en adultos muy competentes desde los puntos de vista lingüístico y cultural, con lo mejor de ambos mundos. Son niños especialmente privilegiados. Sin embargo, la presencia de dos idiomas puede plantearles problemas en todas las etapas del aprendizaje. Los niños se encuentran en una posición en la que se ven expuestos a más de un idioma sin haberlo buscado. Nosotros, los adultos, elegimos; los niños no deciden vivir esa experiencia. Por tanto, está en nuestras manos facilitarles las cosas y ayudarles a obtener el máximo beneficio de la situación.

Ventajas e inconvenientes de vivir con dos idiomas para el niño

Para los más pequeños, vivir con dos idiomas representa una situación negativa. Sus intentos iniciales de analizar los sonidos que reciben y organizarlos en unidades con sentido se enfrentan a la dificultad que supone el número de palabras distintas que escuchan. Más tarde, necesitan aprender dos palabras para cada cosa y dos sistemas para relacionarlas. Además, tienen que entender el sistema de normas que regulan quién utiliza qué lengua, con quién y cuándo. Si no se entienden bien los mecanismos de este sistema, se cae en la frustración y en los fallos de comunicación, un elemento que hay que añadir a las dificultades que experimentan los niños que empiezan a hablar.

Ejemplo

La abuela paterna de nuestros hijos, que es sueca, dijo de Anders cuando éste tenía 2 años: «No entiendo lo que dice, creo que es inglés». En realidad, era sueco, pero tan poco claro que sólo los padres podrían descifrarlo.

Los niños mayores también tienen que esforzarse más si utilizan habitualmente dos lenguas. Se les exige que aprendan más palabras (aunque puede que su vocabulario no sea tan extenso como el de los hablantes monolingües, ni siquiera el de su lengua dominante) y más formas de decir las cosas. Se espera que se alfabeticen en los dos idiomas, una tarea bastante desalentadora en una sola lengua para algunos niños. No obstante, los niños que aprenden dos idiomas con sistemas alfabéticos de escritura no tienen que aprender a leer dos veces. Los principios de la escritura alfabética son iguales para todas las lenguas de Europa y muchos otros idiomas. Incluso lenguas como el griego, el árabe y el ruso disponen de sistemas alfabéticos, y los niños que saben leer en un idioma son capaces de transferir las habilidades de decodificación a otro, aunque las correspondencias entre letras y sonidos no sean las mismas. Los niños que tienen que aprender a leer y a escribir chino o japonés además de un sistema de escritura alfabética lo tienen un poco más difícil.

La alfabetización en la lengua minoritaria puede abrir todo un mundo de literatura y, por tanto, de lenguaje, al niño. Por muchas visitas al país donde se habla la lengua o por mucho contacto que tenga el niño con otros hablantes, nunca aprenderá un vocabulario tan rico ni los matices de la lengua como a través de la inmersión total en su literatura infantil. En algunos países, como en Suecia, algunos colegios ofrecen clases en la lengua materna (aunque los últimos recortes han afectado seriamente a esta actividad); por lo general, se concentran en la lectura y la escritura. En otros países, como en Inglaterra, existe la escuela de los sábados, organizada por la comunidad local de una lengua minoritaria. Si no se dispone de ninguna de estas opciones, los padres deberán apoyar a sus hijos lo mejor que puedan, ya sea en el seno de la familia o en colaboración con otras familias en una situación similar. (Véase el Apéndice A, con ideas para un taller de padres.)

El niño con conocimientos razonables de una segunda lengua tiene numerosas ventajas. En el caso de una familia inmigrante en la que el padre y la madre proceden del mismo entorno lingüístico, el niño necesitará la lengua minoritaria para comunicarse con los padres, siempre y cuando éstos la utilicen, aunque les responda en la lengua mayoritaria. Ésta le resulta necesaria en el colegio y para las actividades sociales, y en general los niños no tienen problemas para utilizarla. En el caso de una familia con dos idiomas, la lengua minoritaria podría no resultar esencial para la comunicación; el progenitor que hable esa lengua puede tener algunos conocimientos de la mayoritaria para satisfacer sus propias necesidades. En estos dos tipos de familias, el niño que pueda hablar o al menos entender la lengua minoritaria dispone de un canal abierto para la comunicación no sólo con el padre, la madre o ambos, sino también con los abuelos, los primos, los amigos de la familia y los hijos de éstos.

Algunos niños se sienten orgullosos de su capacidad de hablar una segunda lengua. Probablemente, depende de si la lengua minoritaria y sus hablantes poseen prestigio o no entre los demás niños. El inglés es un idioma especialmente favorecido en muchos países: jóvenes de todo el mundo aprenden inglés y admiran a músicos y actores angloparlantes. Esto significa que un niño que tiene el inglés como la lengua minoritaria puede sentirse muy motivado para hablarlo bien debido a la admiración que percibe por parte de sus compañeros.

Cuando los niños que emplean los dos idiomas visitan el país donde se habla la lengua minoritaria, sus esfuerzos y los de sus padres se ven recompensados. En el mejor de los casos, los niños descubren que se pueden comunicar con los que le rodean. Algunos niños con habilidades pasivas en la lengua minoritaria se convierten en hablantes activos cuando se encuentran rodeados de hablantes monolingües de la lengua en cuestión.

Si los padres animan a sus hijos alabando sus habilidades en la lengua minoritaria, algo muy positivo, los niños pueden sentirse desconsolados al comprobar que en realidad no se expresan igual que los hablantes monolingües de la lengua minoritaria. Además, existe la posibilidad de que no sean realmente conscientes de las diferencias culturales entre los países y piensen que son más bilingües y biculturales de lo que son en realidad. Ello no tiene por qué suponer un problema y puede ayudar a los niños tímidos a utilizar la lengua más débil, así que no hay motivo para desilusionar a estos niños.

Ser diferente

En muchos países, hablar una lengua que no es la mayoritaria en lugares públicos llama la atención. El grado de atención depende de lo acostumbrada que esté la población a los residentes extranjeros y los turistas. Hay personas que se muestran interesadas y preguntan sobre los niños, si son bilingües, de dónde son, etc. Algunas van más lejos y ofrecen consejo no solicitado sobre lo que están haciendo mal los padres. Otras sienten una gran admiración por esos niños que aprenden una segunda lengua «gratis».

Por lo general, a los más pequeños no les incomoda este tipo de interés, aunque es probable que no deseen ser el centro de atención. En un momento u otro, los niños toman conciencia de que tienen dos idiomas y de que eso no es habitual. En ocasiones, en sus continuos intentos de dar sentido al mundo, algunos niños elaboran teorías extrañas. Anders (3 años) nos preguntó si todas las mamás hablan inglés y se mostró fascinado cuando recibimos una visita masculina procedente de Inglaterra; había dado por sentado que los hombres no hablan inglés, al menos no con los niños. Del mismo modo, para un padre acostumbrado a hablar su lengua materna con sus hijos puede resultar difícil cambiar a la lengua mayoritaria para hablar con los hijos de los vecinos.

Algunos niños ya más crecidos se muestran reacios a ser vistos en público hablando la lengua minoritaria con sus padres. No quieren convertirse en objeto de exhibición porque sus padres se dirigen a ellos en la lengua minoritaria, y todavía menos hablarla. En ocasiones, los chicos tienen discusiones desiguales con su progenitor inmigrante si éste emplea la lengua minoritaria y el hijo le responde en la mayoritaria. En casa, puede que todos hablen la lengua minoritaria o no. Para estos niños es todavía peor que el padre o la madre hable la lengua mayoritaria en público, sobre todo si no la domina bien.

Ejemplo

Un músico americano que vive en Suecia ofrece conciertos de vez en cuando. En ocasiones, sus hijos acuden a verle, pero temen que el padre les presente o que se dirija a ellos directamente desde el escenario debido a su fuerte acento americano y a su sueco un tanto pobre.

A cierta edad, muchos jóvenes encuentran una razón para sentirse avergonzados de sus padres, aunque no hablen otro idioma o no sean de otro país. Puede que sean demasiado ricos, o demasiado pobres, o demasiado feos, o demasiado famosos, o que tengan el coche equivocado, o que lleven una ropa no adecuada… cualquier cosa. En general, los niños no quieren destacar y prefieren a los padres que son exactamente como los demás.

«Mi familia emigró a Estados Unidos cuando yo era pequeño. Crecí allí, pero siempre fui consciente de ser distinto a los hijos de los vecinos, que hablaban de los acentos de mis padres, o de que mis padres no entendían los deportes americanos o no se interesaban por ellos, y de que su círculo social se limitaba casi en exclusiva a inmigrantes irlandeses como ellos, la mayoría hablantes de irlandés de Dingle o Connemara.»

(SEAN GOLDEN, Barcelona)

«Aprendí español en mi infancia y no entendía que mis padres, al aprenderlo de adultos, tuviesen más dificultades. Intentaban aprender un idioma relacionándose con hablantes nativos, sin formación académica y sin otro material que un diccionario de bolsillo, pero yo no pensaba en eso. Creía que estaban haciendo algo mal. En realidad, mi percepción era que mi padre ni siquiera lo estaba intentando. Por ejemplo, recurría a la estrategia razonable de utilizar una o dos formas verbales en todas las situaciones, aunque no fuesen correctas. Mi madre parecía esforzarse mucho; yo no podía entender que "olvidase" cómo se pronunciaba una palabra inmediatamente después de que yo se lo dijese.»

(MAI KUHA, Estados Unidos)

«Nuestros hijos decían que yo no debía hablar español porque tengo acento cubano y les avergonzaría.»

(R. CHANDLER-BURNS, México)

LLEVAR AMIGOS A CASA

Desde el jardín de infancia hasta que se independizan, la mayoría de los niños llevan amigos a casa de vez en cuando. En general, los amigos son hablantes de la lengua mayoritaria. Dependiendo del sistema lingüístico de la familia, puede ser un problema o no. Obviamente, todo lo que se diga a los niños visitantes debe ser en la lengua mayoritaria, a menos que la minoritaria se enseñe en el colegio, en cuyo caso los visitantes podrían seguir una conversación en esa lengua, si tienen los conocimientos necesarios, y beneficiarse de ello, aunque respondan en la mayoritaria.

«Hace poco, unos amigos de nuestro hijo más pequeño nos pidieron que hablásemos inglés en su presencia para escuchar cómo suena en realidad (frente a sus profesores ingleses que no lo utilizan). Sin problemas. Interesante. Estaría bien saber si la actitud de esos chicos hacia el bilingüismo cambió debido a esta experiencia, aunque nunca lo sabremos.»

(HAROLD ORMSBY L., México)

Si el sistema familiar consiste en hablar la lengua minoritaria únicamente a los niños, quizá sería conveniente traducir todo para beneficio de las visitas, o bien se puede hacer una excepción y que todos hablen la lengua mayoritaria mientras el amigo está en casa, sobre todo en el caso de los más mayores. Lo mismo ocurre con los visitantes adultos, con la excepción de que éstos pueden no sentir la misma necesidad imperiosa de saber exactamente qué es lo que se habla con los niños. Existe el riesgo de que las visitas se sientan al margen de las conversaciones en la lengua minoritaria, o incluso de que crean que se habla de ellas en esa lengua.

Algunos niños no preparan a sus amigos para el panorama lingüístico que se van a encontrar. Puede que les resulte difícil explicar a los compañeros de clase que no son monolingües aunque lo parezcan. Probablemente, los niños que crecen con dos idiomas lo dan por sentado y es posible que no se den cuenta de que los demás encuentran la situación extraña o incómoda. Aunque no intenten mantener su bilingüismo en secreto, tampoco hablan de él.

El jardín de infancia y el colegio

En el caso de los niños que emplean únicamente la lengua minoritaria en casa, el primer encuentro prolongado con la lengua mayoritaria tiene lugar cuando empiezan a jugar con otros niños del vecindario o cuando acuden al jardín de infancia. Si mantienen suficiente contacto con hablantes propios de la lengua mayoritaria en el jardín de infancia, la adquisición de esa lengua suele ser rápida. Por supuesto, están extraordinariamente motivados para encontrar un canal de comunicación. Pueden surgir problemas si el niño que habla la lengua minoritaria rara vez se relaciona con hablantes propios de la mayoritaria, como ocurre a veces en zonas con población inmigrante muy numerosa.

En muchos casos, los niños mayores que se trasladan con sus familias a un nuevo país tienen más dificultades, y en especial si ya están escolarizados. Pueden perder un año o más de colegio antes de que sus conocimientos de la lengua mayoritaria sean suficientes para poder seguir las clases. Los más pequeños parecen tener menos problemas.

Después de un mes en el país, en el jardín de infancia, lo hablaba perfectamente.»

(GREGORY GREFENSTETTE, Francia)

«Cuando dejé a mi hija en la clase, aquel primer día de colegio, me dijo al oído: "Mami, ¿por qué hablan todos español?" —nosotros veníamos de California—, y yo le respondí mientras me iba hacia la puerta: "Es francés". No tenía ni idea... y en primavera ya lo hablaba con "fluidez".»

(PEGGY ORCHOWSKI, Estados Unidos)

En el caso de los más pequeños, que por primera vez pasan mucho tiempo fuera de casa para asistir al jardín de infancia, los padres a veces observan que a los niños les faltan palabras en la lengua que hablan habitualmente para explicar cosas de sus actividades en el colegio. Por lo general, existen muchos huecos en el vocabulario de estos niños, y no sólo en la lengua que se habla en casa, sino también en la mayoritaria. Si el padre y la madre hablan la lengua minoritaria en casa, es posible que el niño no conozca palabras relacionadas con el colegio. En algunos municipios de Suecia, los alumnos de preescolar reciben formación en la lengua que hablan en casa (si se llega a un número suficiente de alumnos) con el objetivo específico de ayudar a esos niños a nombrar todo lo relacionado con el colegio en la lengua minoritaria, para que dispongan del vocabulario y de las estructuras que les permitan hablar sobre el colegio en la lengua de casa.

«Empecé a pensar en las experiencias de mi mujer como ayudante en un jardín de infancia. Dice que los niños que se

muestran más "incómodos" al principio son aquellos que sólo se han visto expuestos a una lengua minoritaria y que no
conocen el noruego. Por supuesto, esto varía mucho (como
todo) en función de cada niño, pero a los que ya se encuentran en una situación difícil no les ayuda nada el hecho de no
entender una palabra de lo que dicen los adultos o los otros
niños. Para mí resulta obvio, pero muchos padres parecen ansiosos por que sus hijos hablen la lengua minoritaria lo antes
posible, sin tener en cuenta que la lengua que van a utilizar a
diario queda relegada. Al fin y al cabo, para la mayoría de la
gente la lengua materna es la más importante, y también para
los niños. Mi opinión es que habría que empezar por el idioma que el niño va a utilizar cada día con otras personas. Por
supuesto, en cuanto el niño "se defienda" en la lengua principal o consiga otras ayudas (de profesores y de otros niños) con
la mayoritaria, se podría desplazar la atención a la lengua minoritaria... y lo más importante: no permitas que tus expectativas de tener niños bilingües dificulten la existencia de tus hijos más allá de lo necesario (ten muy en cuenta eso, "más de
lo *necesario*".»

(ROAR PETTERSEN, Noruega)

«Dado que Isis ha desarrollado intereses al margen de sus
actividades con su madre, ha aprendido muchas palabras en
inglés de las que desconoce el equivalente en portugués. Por
eso, a veces le cuesta mucho expresarse en portugués y tiende
a prescindir de decirle algo a su madre si no encuentra las palabras para lo que intenta explicar. Mi mujer ha intentado leer-
le más cuentos en portugués para exponerla a más palabras
que necesita saber.»

(DON DAVIS, Boston)

Si el segundo idioma de tu hijo es obligatorio en el colegio, hay muchas cosas en las que pensar. En el caso del inglés en Suecia (y en otros muchos países), los niños empiezan a aprenderlo en 1º, 2º o 3er curso (entre los 7 y los 9 años). Al principio sólo aprenden palabras. Poco a poco se aumentan las horas semanales de inglés, hasta que en torno a los 16 años deben tener unos conocimientos suficientes de inglés hablado y escrito. Los niños que hablan inglés en casa, con uno o los dos progenitores, sacarán poco provecho de las clases del colegio. Las primeras clases de vocabulario y los primeros ejercicios de construcción de frases les resultarán muy sencillos. Así, el profesor se enfrenta al problema de los alumnos: a) aburridos, b) que conocen todas las respuestas, y c) que pretenden exhibir sus conocimientos o que pasan mucha vergüenza si el profesor habla de su situación. El profesor puede optar por convertir a estos niños en sus «ayudantes» o bien asignarles trabajos aparte, lo cual resulta mucho más recomendable. El problema es que los niños que han vivido y respirado el inglés durante toda su vida necesitan ayuda con la lengua, igual que los monolingües, pero requieren educación en la lengua materna, no que les enseñen un idioma extranjero. Los profesores con un poco de sensibilidad podrían organizar un trabajo adecuado para estos niños si no existe la posibilidad de que un hablante de la lengua materna les dé clases.

Dado que la mayoría de los docentes son hablantes propios de la lengua mayoritaria, sus habilidades en la lengua extranjera no serán precisamente perfectas. ¿Qué debe hacer un niño si se da cuenta de que el profesor se ha equivocado en algo? Si el alumno corrige al profesor, éste quedará en evidencia. Además, es posible que el niño no tenga razón: su dominio de la segunda lengua tampoco será perfecto. Si el docente corrige al niño, éste puede sentirse ofendido. Por lo general, la segunda lengua del niño se forma con el ejemplo de un único hablante, el padre o la madre, que quizás hable un dialecto distinto al estándar aprendido como lengua extranjera por el profesor. Y, lo que es más importante, no conviene malgastar el tiempo de los alumnos obligándoles a asistir a unas clases que resultan claramente inadecuadas para ellos. Los niños con dos idiomas tienen necesidades especiales y hay que atenderlas si se quiere que alcancen su máximo potencial en las dos lenguas.

Nuestras propias experiencias de tener hijos que aprenden inglés en el colegio con compañeros monolingües son variadas. Las clases han resultado útiles para señalar las diferencias en las construcciones de las frases entre el inglés y el sueco. La pronunciación supuso un problema. Muchos de los profesores y de los estudiantes de magisterio que hemos conocido en colegios y en el departamento de Inglés de la Universidad de Estocolmo tienen un marcado acento sueco. Naturalmente, transmiten ese acento a sus alumnos (cuanto más jóvenes son éstos, más se acercan a la pronunciación del profesor). Cuando señalábamos un defecto de pronunciación a uno de nuestros hijos, su reacción consistía en decir que prefería pronunciar la palabra como su profesor.

Otro problema es el de los niños que creen que saben más que el profesor, pero en realidad éste tiene razón. Hemos tenido discusiones con uno de los profesores de nuestros hijos que nos pedía que le explicásemos que el profesor a veces tiene razón, e incluso que repasásemos un punto de la gramática del libro con el niño para convencerle de que estábamos de acuerdo con el profesor en esa cuestión.

«Ellos [mis hijos] hablan español con acento catalán. En catalán no tienen acento. Hablan inglés con acento español/catalán unas veces, y otras veces sin. Estudian inglés en el colegio desde 3º de primaria, cosa que es peor porque se adaptan a la pronunciación y la gramática del profesor y/o de sus compañeros, cuya lengua propia no es el inglés. No quieren llamar la atención o actuar como informantes nativos, aunque todo el mundo espera de ellos que hablen inglés con fluidez.»

(SEAN GOLDEN, Barcelona)

«Mi hijo se mantiene en un segundo plano en la clase de inglés. Su inglés oral es mucho mejor que el del profesor, pero ha aprendido la gramática y la ortografía en el colegio. En general, parece aburrido en la clase de inglés y le molestan las faltas que ve en los textos y en las pruebas, pero, como tiene tanto trabajo y debe prepararse para un examen de ingreso bastante duro, se alegra de tener una asignatura fácil.»

(KAREN STEFFEN CHUNG, Taiwan)

«Saber español me resultó muy útil durante mis últimos cursos de primaria y en el instituto, cuando decidí apuntarme a clases de español para conseguir un excelente "fácil".»

(Anónimo, Estados Unidos)

«Hablar con la profesora, explicarle cómo es la vida en tu casa y el nivel de inglés, y encontrar el nivel adecuado de inglés para que los niños no se aburran en clase.»

(NANCY HOLM, Suecia)

«Hablo alemán con fluidez (aunque, al parecer, con entonación inglesa), pero mi alemán escrito no es tan avanzado. Asistí a un par de cursos de alemán en la universidad, pero, al haberlo aprendido como lengua hablada, sin un trasfondo "académico", me resultó difícil entender los métodos gramaticales empleados para explicar los conceptos con los que tenía dificultades.»

(MICHELE DISSER, Canadá)

En algunos países se ofrecen clases de la lengua que hablan en casa a los niños con dos idiomas. Sin embargo, se trata de un hecho muy aislado, y la comunidad de la lengua minoritaria (si existe tal cosa) o los padres son quienes tienen que preocuparse de la alfabetización de sus hijos en dos idiomas. Muchos padres se preguntan si deben probar a enseñar a sus hijos a leer en la lengua minoritaria antes de que empiecen el colegio, donde aprenderán a hacerlo en la mayoritaria. A menos que los progenitores dominen las técnicas de lectura, o que estén dispuestos a estudiarlas para enseñar a sus hijos a leer, resultará más sencillo esperar a que el niño sea capaz de leer en la lengua mayoritaria antes de pasar a la más débil. Como hemos visto, los niños cuyas dos lenguas utilizan sistemas de escritura alfabética pueden aplicar los principios que aprenden para una lengua a la otra.

No obstante, cada niño es un mundo y algunos no pueden esperar a empezar a leer. Si consideras que te gustaría intentarlo, la lengua minoritaria supone un buen punto de partida. En nuestro caso, probamos a mostrar tarjetas pedagógicas a nuestros hijos cuando tenían 2-3 años con resultados dispares: Leif aprendió a reconocer alrededor de treinta palabras, pero no se divertía. Sigue sin gustarle la lectura en ninguno de los dos idiomas. Anders mostró un total desinterés, pero aprendió a leer solo: primero en sueco y después en inglés cuando tenía 5 años (el colegio en Suecia empieza a los 7 años). A los 7 empezó a leer en sueco por placer, y en torno a los 10 años y 10 meses descubrió a Harry Potter y volvió a leer en inglés. A Pat le encantaba el método de las tarjetas y era capaz de leer textos sencillos en inglés y en sueco antes de cumplir 4 años. Dejamos de enseñarle cuando conocía doscientas palabras de vista (a partir de ahí, él sólo trabajaba la fonética en las dos lenguas). A Elisabeth tampoco le interesaban las tarjetas, pero a los 4 años y 10 meses sabía leer palabras sencillas en ambos idiomas. Ahora, a sus 9 años y 5 meses, disfruta leyendo en inglés y en sueco. La cuestión que pretendemos señalar es que cada niño es distinto. Aprender a leer en una segunda lengua no es tan difícil si el niño ya sabe leer (siempre y cuando ambos idiomas utilicen la escritura alfabética). Dejemos a los niños que tomen su propio camino: sabremos cuándo están listos.

Muchos niños no están preparados para aprender a leer hasta que empiezan el colegio. El entorno de la escuela proporciona una importante motivación para aprender. A algunos padres les resulta difícil establecer cualquier tipo de situación estructurada de aprendizaje en casa. Si los niños no saben leer o son lectores reacios, ¡lee para ellos! Leer o escuchar a alguien que lee constituyen dos métodos extremadamente eficaces de aumentar el vocabulario de los niños y de familiarizarlos con la lengua escrita. Además, los libros ofrecen experiencias muy diversas, incluyendo abundante información sobre la cultura en la que se ambientan. Los padres que desean explicar a sus hijos detalles de su cultura minoritaria encontrarán que las obras de ficción contemporáneas ambientadas en el país en cuestión les resultan muy útiles.

Conviene organizar el tiempo para trabajar con los dos idiomas. Los niños escolarizados suelen tener deberes en los que participa la lengua mayoritaria. Muchos niños necesitan que uno de sus progenitores les acompañe y les ayude con los deberes, algo especialmente conveniente en el caso de los alumnos que no entienden todas las explicaciones del profesor. Da igual que el que ayuda al niño sea el padre o la madre. Para muchos niños, y en especial los que remolonean a la hora de hacer los deberes, resulta recomendable destinar un tiempo diario a esas tareas (por ejemplo, después de ver un rato la televisión, antes de acostarse, etc.). Del mismo modo, a algunas familias les ayuda reservar un tiempo a la semana para trabajar con la lengua minoritaria: leer, escribir, realizar el tipo de trabajo que hacen los niños monolingües en su propia lengua. Los materiales escolares para trabajar en casa se pueden encontrar en el país de procedencia de los padres inmigrantes o a través de otras fuentes. Pregunta a tus parientes o a algún profesor del país en cuestión. Además, puedes encargar libros a través de una librería grande o por Internet (véase el Apéndice D).

En algunos lugares existe la posibilidad de ubicar a los niños en clases impartidas parcial o totalmente en la lengua minoritaria. En muchos países existen clases o colegios internacionales que enseñan en inglés o en otras lenguas. Además, también se pueden organizar clases bilingües cuando la enseñanza se hace en la lengua local y en inglés o en otro idioma. Nosotros experimentamos estos dos tipos de escolarización en Upsala: existe una escuela municipal que imparte clases internacionales para niños de 9 años y clases bilingües en sueco e inglés para alumnos de 6 años.

Anders estuvo en una clase en sueco hasta 5º curso (12 años). Después empezó en la clase internacional en Upsala, con niños de todo el mundo; muchos de ellos estaban en Suecia de paso y apenas hablaban sueco. Las clases se impartían íntegramente en inglés, con profesores venidos del país. Ahora se encuentra en su 9º año y le gusta ir al colegio.

Cuando Elisabeth estaba a punto de empezar su primer año de escolarización obligatoria, a los 7 años, se puso en marcha la clase bilingüe en el mismo colegio. En esa clase había un profesor sueco y uno inglés, cada uno nativo de la lengua en la que enseñaban. El jardín de infancia después del colegio estaba organizado en cooperación con las clases internacionales, es decir, en inglés. Ahora está en su tercer año y le va muy bien. Aunque no habíamos pensado en matricular a ninguno de ellos en la clase internacional desde una edad temprana porque creíamos que afectaría negativamente a su adquisición del sueco, la clase bilingüe fue una buena alternativa. Dado que pensamos vivir en Suecia en el futuro, es muy importante que los niños se conviertan en usuarios avanzados del sueco, y eso resulta difícil si no acuden al colegio en Suecia.

6

Crecer en un hogar bilingüe: cuidados prácticos

Ayuda a tu hijo a sacar el máximo partido de la situación

Si tu hijo tiene que vivir con dos idiomas, tú puedes ayudarle mucho. Incluso los niños monolingües se expresan mejor si tienen apoyo en su desarrollo lingüístico en casa, por ejemplo, leyéndoles desde que son muy pequeños y leyendo con ellos cuando ya saben. Los niños con dos idiomas tienen que aprender más cosas que los monolingües y, por tanto, necesitan más ayuda de sus padres. Los progenitores de las familias bilingües tienen que ser muy activos e invertir mucho tiempo hablando con sus hijos. Los libros constituyen un importante recurso. En las familias con dos idiomas, lo natural sería que el padre y la madre leyesen, cantasen y jugasen con los niños en su propia lengua. Por desgracia, las cosas no siempre salen como se planifican. En muchas familias monolingües, sólo uno de los progenitores, por lo general la madre, lee para los niños. A pesar de la importancia de la exposición a los dos idiomas, ocurre lo mismo en muchas familias bilingües. Muchos padres, y también madres, se muestran reacios a leer para sus hijos. Si el idioma del padre es el mayoritario, el problema no es tan grande. Los niños que acuden a la guardería pasan muchas horas escuchando cómo leen los profesores, y en cierta medida ello aporta al niño la exposición que, de otro modo, recibirían de una madre con la lengua mayoritaria. Si es el padre el que habla la lengua minoritaria, su participación resulta más difícil de sustituir. De hecho, según nuestra experiencia, las familias con dos idiomas suelen tener más éxito a la hora de transmitir dos lenguas activas a sus hijos si es la madre quien habla la lengua minoritaria.

En algunos países existen colegios y guarderías que ofrecen un servicio de profesores especiales varias horas a la semana para grupos de niños inmigrantes o para los que en casa tienen una lengua que no es la mayoritaria. También existe la opción de la escuela de los sábados organizada por las comunidades inmigrantes y en la que un profesor nativo ayuda a los niños con la lengua minoritaria. Este tipo de enseñanza tiene como objetivo establecer o mejorar la alfabetización en la lengua minoritaria. Por desgracia, no está al alcance de todos los niños: muchos carecen de cualquier tipo de ayuda. En este caso, queda en manos de los padres apoyar a sus hijos y alimentar su desarrollo lingüístico lo mejor que puedan. El Apéndice B contiene sugerencias para reforzar la lengua minoritaria de los niños en grupos de juego y en las escuelas de los sábados.

«Mis hijos nunca tuvieron la ocasión de estudiar inglés como segunda lengua en el colegio, y, si hubiese existido esa posibilidad, dudo que les hubiese dejado asistir. Sería distinto si fuesen de Irán, pero el inglés americano está por todas partes; el hecho de ser americanos les ha dado prestigio en el colegio y entre los amigos (son ciudadanos americanos y suecos), y nunca se han sentido "fuera de lugar".»

(Nancy Holm, Suecia)

Utiliza todos los recursos disponibles

Los padres tienen que ser creativos para ayudar a sus hijos a convertirse en hablantes competentes de la lengua minoritaria. Deben organizar encuentros con otros niños y adultos que hablen la lengua minoritaria para que sus hijos entiendan que hay otras personas que también la utilizan, que no es una peculiaridad única de su familia. Resulta especialmente valioso para el niño conocer a otros niños que hablen la lengua minoritaria para que no oiga únicamente a personas adultas. Un niño que sólo habla con adultos en la lengua minoritaria puede sonar precoz y se perderá una gran parte del lenguaje. Por supuesto, lo ideal sería que los niños se reúnan de forma habitual con hablantes monolingües de la lengua en cuestión, de manera que no dispongan de la posibilidad de introducir la mayoritaria; además, escucharán a hablantes sin ningún tipo de interferencia de la lengua mayoritaria.

> «Me gusta que mis hijos se reúnan con otros hablantes de inglés (niños y adultos). Creo que les ayuda a entender que hablar inglés no es algo que sólo hace mamá.»
>
> (BARI NIRENBERG, Israel)

Un modo de conseguirlo consiste en viajar de forma regular con el niño a países donde se habla la lengua minoritaria. Presenta muchas ventajas para la conciencia lingüística y cultural del pequeño, y ampliará su experiencia de la lengua minoritaria más que cualquier otra estrategia. Otra solución pasa por visitar a hablantes monolingües de la lengua minoritaria: abuelos, primos, amigos (sobre todo si tienen hijos), canguros o estudiantes de intercambio.

Si no existe esa posibilidad, los libros, los vídeos y la televisión por satélite ofrecen una buena ayuda. Si el niño se muestra interesado por un determinado programa de televisión mientras se encuentra de visita en el país de la lengua minoritaria, tal vez sea posible comprar vídeos o libros con los mismos personajes. Algunos niños son capaces de ver vídeos de programas infantiles una y otra vez, de manera que al final entienden cada palabra. En ocasiones, memorizan fragmentos de diálogos: ¡mucho mejor!

Aprenderán mucho sobre la lengua que utilizan los niños monolingües de su edad. Algunas familias pretenden introducir una política de sólo la lengua minoritaria a la hora de comprar vídeos. Hay niños que pasan por una fase en la que quieren ver mucha televisión. Los padres se sentirán más tranquilos si permiten que los más pequeños vean un vídeo en lugar de la televisión, ya que así saben qué van a ver sus hijos. Si van a pasar mucho tiempo delante del televisor, que sea en la lengua minoritaria.

Contactos

Existen muchas ventajas en el hecho de conocer a otras familias que compartan la misma situación lingüística. A los niños les beneficia encontrarse con otros niños que también hablan la lengua minoritaria, y los padres pueden tener mucho de que hablar. En una ciudad grande puede que no resulte fácil conocer a otros residentes que tengan la lengua minoritaria como idioma nativo. En el pasado, los expatriados se reunían en el consulado, pero las cosas ya no funcionan así. Puede que cada día nos crucemos con cientos de hablantes de la misma lengua. Existen clubes y sociedades o reuniones informales que representan a distintos grupos, pero no siempre se dan a conocer. La universidad puede ser una fuente de información; algunos departamentos de lenguas extranjeras participan en la organización de asociaciones de amigos, por ejemplo, anglosuecos, grecoitalianos, etc. The English Society de Upsala, por ejemplo, está organizada por el departamento de Inglés de la Universidad y programa todo tipo de conferencias y actividades a las que suelen acudir hablantes nativos de inglés.

Las reuniones más informales resultan más difíciles de localizar. Por ejemplo, las mujeres angloparlantes acostumbran a reunirse en ciudades de toda Europa. En ocasiones, se organizan bajo un organismo mayor, como el American Citizens Abroad, pero no siempre es así. En Upsala existe uno de estos grupos, formado por mujeres angloparlantes de todo el mundo de habla inglesa; se reúnen cada seis semanas para cenar en casa de una de las participantes. Estos grupos ofrecen una valiosa fuente de contactos para los recién llegados si tienen la suerte de encontrar a alguien dispuesto a invitarles a una fiesta, ya que los miembros sólo acceden al grupo por invitación. Este tipo de asociaciones existen en muchos lugares del mundo, y una persona emprendedora podría poner en marcha muchas más.

«ESW [English-Speaking Women] se encuentra en Helsinki, pero tiene miembros de toda Finlandia. Tenemos un boletín informativo. La organización fue muy importante para mí cuando llegue a Finlandia, porque hace veinte años casi nadie hablaba inglés allí; la principal lengua extranjera era el alemán. Hoy, la mayoría de las mujeres recién llegadas no se unen a la asociación porque casi todas las personas menores de 30 años hablan inglés bastante bien, sobre todo las que han ido o van a la universidad. Existe otro grupo, el International Women's Club, para las mujeres extranjeras que viven en Finlandia, pero se reúnen por la mañana y está compuesto principalmente por esposas que acompañan a sus maridos, contratados de forma temporal. Asímismo, hay un American Women's Club, pero también se reúne por las mañanas y se compone, principalmente, de esposas de empresarios americanos. Yo participé activamente en ESW cuando trabajaba en casa y criaba a los niños, porque era mi único contacto con el inglés y, prácticamente, mi único contacto fuera de las paredes de casa.»

(DEBORAH D. KELA RUUSKANEN, Finlandia)

Tal vez tengas la oportunidad de reunirte con hablantes nativos a través de la parroquia o de una organización de educación para adultos. Otra opción es poner un anuncio en el periódico local. Cuando conozcas a otros hablantes, podrás organizar actividades para los niños: escuela de los sábados, grupo de los más pe-

113

queños (hasta 4 años), preescolares o sólo salidas ocasionales. Encontrarás sugerencias prácticas para organizar este tipo de actividades en el Apéndice B. La siguiente sección resume, en nuestra opinión, lo más importante para ayudar a tus hijos.

CONSEJOS PRÁCTICOS PARA PADRES DE NIÑOS CON DOS IDIOMAS

• Habla tu propia lengua con tu hijo, a menos que existan razones de peso para no hacerlo.
• Sé coherente en tu elección de la lengua que hablas con los más pequeños. Si quieres utilizar un idioma distinto con tu hijo en diferentes situaciones, mantén siempre el mismo sistema.
• Viajad todo lo que podáis a un país en el que se hable la lengua minoritaria. Lo ideal sería ir al lugar de origen del progenitor correspondiente, sobre todo si allí viven parientes que el niño todavía no conoce. Es importante que estos niños se den cuenta de que su padre o su madre inmigrante también tienen unas raíces.
• Intenta conocer a otros niños y adultos que hablen la lengua minoritaria, a poder ser, monolingües, ya que de lo contrario podrían mezclar las lenguas o cambiar a la mayoritaria. Las actividades organizadas con otros niños con la lengua minoritaria pueden resultar de gran ayuda. Para los pequeños de entre 3 y 4 años, un grupo de padres e hijos puede aportar mucha diversión para todos. En cuanto a los niños más mayores, un grupo de actividades lúdicas y educativas con un profesor nativo de la lengua minoritaria puede mejorar considerablemente el nivel lingüístico del niño.
• Intenta conseguir y utilizar el mayor número posible de materiales infantiles relacionados con la lengua minoritaria: libros, fichas de trabajo, cintas, vídeos, juegos de ordenador... cualquier cosa que divierta a tus hijos. En una familia bilingüe, los dos progenitores deben leer, hablar y jugar con los niños, cada uno en su propio idioma. Un niño con dos idiomas necesita aprender y jugar

más con el lenguaje que uno monolingüe cuyos padres le exponen a una sola lengua. Resulta igual de importante alimentar la lengua mayoritaria, que posiblemente será la dominante del niño y acabará siendo la lengua de escolarización. No dejes que la lengua minoritaria se «cuide» por sí sola. Intenta fomentar el desarrollo de tu hijo en los dos idiomas tal como harías si cada uno fuese la única lengua de la familia.

• Intenta que tu hijo aprenda a leer, y preferiblemente también a escribir, en la lengua minoritaria. Según nuestra experiencia, se puede lograr antes o después de que empiece el colegio en la lengua mayoritaria: depende de la preparación y del interés del niño.

• Por el bien del idioma más débil, considera la posibilidad de una estancia prolongada en un país donde sea la lengua mayoritaria.

• Piensa si puedes permitir a tu hijo adolescente que visite él solo el país de la lengua minoritaria, que vaya a ver a unos primos o a unos amigos, que participe en un programa de intercambio o que pase un curso académico en el país en cuestión.

• Si la familia visita de forma regular el mismo lugar de un país donde se habla la lengua minoritaria (por ejemplo, para ver a los abuelos, los primos o los amigos), quizá sea posible conseguir que los más pequeños acudan al colegio unos días o el tiempo que sea necesario. Las ventajas potenciales de esta opción son múltiples: los niños conocerán a hablantes monolingües de su misma edad, aprenderán a utilizar la lengua más débil en diferentes situaciones, conocerán la cultura del país y podrán comparar su propio colegio con otros centros, lo que les aportará una nueva perspectiva.

En nuestro caso, los resultados de este tipo de «miniinmersión» en la lengua y la cultura del progenitor inmigrante, que dos de nuestros hijos probaron en años consecutivos, en una escuela primaria de Irlanda del Norte, han sido variados. El primer año, los dos niños (de 7 y 5 años) disfrutaron mucho de sus dos días en el colegio: les encantaba ser el centro de atención, ya que cada uno se vio rodeado de una multitud de compañeros muy curiosos a la hora del recreo. El segundo día incluso recibieron invitaciones para merendar: ¡menuda experiencia! El siguiente año, el más pequeño se defendió bien, pero el mayor llegó a casa llorando a mares. Dijo que el profesor se había enfadado, no por él, pero el tono había sido muy distinto al estilo calmado y alentador al que estaba acostumbrado de sus clases en Suecia. Y, sí, debemos decir que algunos de los profesores que vimos en el colegio parecían intentar imponer orden a base de gritos y malas palabras. El nivel real de disciplina, sin embargo, no parece distinto entre los dos países. Al menos, después de este episodio nuestro hijo sintió más aprecio por su profesor de Suecia.

También hemos enviado a nuestros hijos mayores a visitar solos a sus parientes y amigos en Inglaterra. Aunque disfrutaron muchísimo de su independencia, la experiencia fue mucho más cultural que lingüística. Lo mismo ocurre cuando son los primos y otros angloparlantes quienes nos visitan. El inglés de los niños ya está tan arraigado que este tipo de exposición no les sirve de mucho, pero resulta conveniente que conozcan al máximo número posible de parientes y otros hablantes de inglés por el sentido de procedencia y pertenencia que les aporta. En el caso de los más pequeños, la situación es bastante distinta, y cualquier visitante que hable la lengua minoritaria o el tiempo que pasen en un entorno donde se habla dicha lengua resultan de gran valor para la percepción del idioma por parte de los niños.

«Además de los viajes frecuentes a Minnesota, les leo casi todas las noches e intento incluir temas como los mitos griegos y romanos, los cuentos de la madre Oca, la Biblia, libros de ciencia... cosas que creo que pueden aportarles unos conocimientos sólidos y útiles de inglés y de cultura occidental.»

(KAREN STEFFEN CHUNG, Taiwan)

«Es importante la coherencia desde el primer día. Nosotros hablábamos en alemán, leíamos en alemán y hacíamos que los niños escuchasen una cinta en alemán cada noche antes de ir a dormir.»

(THOMAS BEYER, Estados Unidos)

«Intento dedicar un ratito cada noche a leer y hacer ejercicios escritos en alemán con los niños. Les gusta que les preste atención, y por eso se muestran bastante motivados para aprender alemán, aunque estén cansados.»

(ANDREAS SCHRAMM, Minnesota)

«De verdad queremos que nuestra hija sea bilingüe y estamos pensando en apuntarla a un grupo de juego con otros niños que hablan japonés.»

(KAORI MATSUDA, Australia)

«Una cosa en la que estoy pensando, y que muchas otras madres japonesas han hecho, es enviar a la niña con sus abuelos o sus tíos para que pase las vacaciones escolares en Japón. Resulta muy caro, pero parece el método más efectivo. Si puede, quiero que vaya a un colegio japonés durante un año.»

(KAORI MATSUDA, Australia)

«Durante mis primeros años en Nueva York, me enviaron a un jardín de infancia ruso ortodoxo donde sólo hablábamos ruso. Mi madre hablaba ruso y un poco de alemán en casa, mientras que mi padre sólo hablaba inglés (no habla ni entiende ninguna lengua extranjera). Cuando tenía 7 años, nos mudamos a Washington. Allí no había colegio ruso, así que empecé en la escuela pública. Por entonces, mi madre mantenía un estrecho contacto con su hermano y su hermana, quienes hablan con ella en alemán, así que pasábamos a menudo del ruso al alemán. Cada verano me enviaban durante tres meses a Alemania con la familia, y en casa mi madre me hablaba sobre todo en alemán para prepararme de cara a esos veranos. También practicábamos la lectura y la escritura (mi madre es profesora).»

(INGRID K. BOWMAN, Hong Kong)

«Tenemos muchos vídeos educativos. Trabajamos con actividades preescolares en ambas lenguas, una noche cada una.»

(Una madre norteamericana en Suecia)

«Como se educa en casa, estudia los idiomas de manera formal, un poco cada día. Su favorito es el latín porque sus conocimientos de portugués le facilitan las cosas... El chino es más difícil; no le gusta estudiarlo, aunque sí hablarlo.»

(DON DAVIS, Boston)

«Creo que un factor muy importante es el elogio: la gente tiende a dar por sentado más de lo que debería que los niños brasileños hablan portugués, y que los niños chinos hablan chino. Intenta recordar que ser políglota resulta difícil, y elogia al niño por sus logros y sus esfuerzos.»

(DON DAVIS, Boston)

Cosas que podéis hacer en casa

Los consejos anteriores demuestran que los padres pueden participar de forma activa en todos los aspectos del desarrollo de sus hijos. Si se implican en lo que hacen sus hijos, tendrán más posibilidades de estimular su desarrollo en ambas lenguas. Los padres de niños que se van a criar con dos idiomas no tienen que comportarse de manera distinta a otros padres. La cuestión es que sus hijos necesitan más unos padres activos y conscientes que les ayuden a sacar el máximo partido a sus idiomas.

HABLA CON TU HIJO

Puede parecer obvio, pero algunos padres caen en la cuenta de que apenas hablan con sus hijos, sobre todo en los dos primeros años, antes de que el niño empiece a utilizar palabras para comunicarse. Los bebés saben perfectamente cómo comunicarnos lo que quieren, aunque no utilicen palabras, y no existe razón para que los padres recurran únicamente a sonrisas, gestos y abrazos. Un progenitor hablador supondrá un gran recurso para el niño, ya que le permitirá escuchar un gran número de palabras en muchos contextos distintos. El niño que crece con dos idiomas tiene mucho más que aprender y necesita la mayor cantidad posible de estimulación en las dos lenguas.

Habla con tus hijos mientras vas realizando tus actividades, ya sea cambiar un pañal o trabajar en el jardín. Explícales qué haréis juntos más tarde y qué pasó ayer, tanto si lo entienden como si no. Deja que las palabras fluyan. Si les hablas como si te entendiesen, acabarán entendiéndote y, mientras tanto, disfrutarán del sonido de tu voz, de tu compañía y de tu atención.

Si tu hijo va a aprender un idioma de cada uno de sus progenitores, tal vez sea necesario asegurarse de que la pareja dispone de tiempo para dedicárselo al niño. Puede darse el problema de que el progenitor responsable de la lengua minoritaria pase poco tiempo en casa. En muchas familias, el padre trabaja y la madre se queda en casa con los niños, al menos mientras son pequeños. Si los dos trabajan, es muy probable que la jornada del padre sea más larga y no disponga del tiempo suficiente para pasarlo con el niño. La familia puede acordar alguna solución para que el padre disponga de más tiempo si considera importante que el niño aprenda el idioma del padre.

ESCUCHA A TU HIJO

La comunicación, incluso con los bebés más pequeños, es un acto recíproco. Si tienen la ocasión, los bebés son perfectamente capaces de esperar su turno en la conversación, aunque no emitan palabras. Cuando hables con tus hijos, resulta importante que les des la oportunidad de responder. Hazles preguntas y espera sus respuestas. Si dices algo como «¿Tienes hambre?», es probable que tu bebé responda con una sonrisa o un gorjeo. A continuación, tú puedes repetir y ampliar esa respuesta, diciendo algo así: «Sí, tienes hambre, mucha hambre, ¿verdad?». En el caso de los niños que empiezan a hablar, puedes hacer lo mismo: espera su respuesta y amplíala o conviértela en una oración gramatical y repítela.

ADULTO: ¿Vamos de compras?
NIÑO: ¡Carro!
ADULTO: Sí, podrás sentarte en el carro, ¿verdad? Te gusta mucho, ¿a que sí?

El niño que se cría con dos idiomas necesita exactamente el mismo tipo de ayuda que el niño que aprende sólo uno, pero más cantidad. Además, puede precisar apoyo para separar los idiomas: si la conversación del ejemplo anterior fuese en inglés y el niño hubiese dicho la palabra sueca «Vagn!» en lugar de la inglesa «Trolley!», la respuesta del adulto podría ser la misma, aunque también convendría hacer saber al niño que la palabra correcta era *trolley*. Y se puede hacer sin necesidad de recurrir a una corrección directa, sino como parte de la conversación. Incluso los errores de los niños de más edad en uno u otro de sus idiomas o el uso de la lengua «equivocada» se puede tratar del mismo modo:

ofreciendo la forma correcta, ampliando lo que el niño ha dicho e invitándole a continuar con la conversación.

El excelente libro de David Crystal titulado *Listen to your Child* (1986) ofrece abundante información útil para padres interesados en seguir el desarrollo del lenguaje de sus hijos. Sugiere que los padres estén al tanto del progreso de sus hijos a través de un diario e incluso con grabaciones sonoras. A pesar de las buenas intenciones, esta opción no siempre es posible. Innumerables lingüistas profesionales que empiezan a documentar el desarrollo de sus propios hijos no consiguen llegar demasiado lejos. No obstante, resulta interesante y útil contar con algún tipo de documentación, sobre todo si se tiene más de un hijo, para poder consultar las notas y comprobar qué decía el mayor a la misma edad que el pequeño. El añadido de crecer con dos idiomas hace que el proceso resulte todavía más fascinante y proporciona una lectura divertida, tanto a los hijos como a los padres, para el futuro. Si deseas grabar a tu hijo, ten en cuenta los siguientes puntos:

- Un radiocasete sencillo con grabadora será suficiente, a menos que tengas interés en la edición avanzada. Si la grabadora incluye micrófono incorporado, resulta perfecto para este tipo de grabación y más cómodo que uno separado. La mayoría de los niños están más acostumbrados a ver un radiocasete que un micrófono; el problema del micrófono independiente es que a los más pequeños casi siempre les interesa más agarrarlo que hablar.
- Muchas familias disponen de cámara de vídeo. Las ventajas son numerosas. En general, a los niños les gusta que les graben. El hecho de contar con imágenes permite documentar mucho mejor qué ocurre en torno al niño. Resulta más sencillo situar la grabación en su contexto si además de sonido

hay imágenes, que permiten ver el comportamiento del niño aparte de escuchar cómo habla. Muchas videocámaras cuentan con un sistema sencillo para editar las grabaciones, lo que significa que se puede crear una película más condensada e interesante.

- Elije bien el entorno. Lo ideal para la grabación de audio y vídeo es que sitúes el equipo en un punto y lo dejes funcionando hasta el final de la sesión. Nosotros instalamos la cámara de vídeo en un estante alto enfocando hacia la mesa de la cocina y grabamos comidas familiares enteras, desde que nos sentamos hambrientos hasta el momento de abandonar la mesa. Puede ser un buen método para realizar grabaciones de lenguaje. Si quieres grabar a un niño hablando con su padre o su madre, intenta que no haya nadie más en la habitación y basa la conversación en algún objeto: un libro, unos juguetes, plastilina o lo que le pueda interesar al niño.
- En una familia que vive con dos idiomas, cada uno de los progenitores tendrá que interactuar por separado con el niño en su propio idioma. Si el padre y la madre hablan la lengua minoritaria en casa, habrá que invitar a alguien que hable la mayoritaria y que el niño conozca para que charle con él, o bien llevarse el equipo de grabación de visita. Si quieres que el entorno sea lo más parecido posible para ambos idiomas, una opción consiste en ofrecer al niño los mismos juguetes para que hable con el padre y la madre por separado, cada uno en su propia lengua.
- Otra posibilidad es documentar el uso de la lengua por parte del niño con un hermano, una hermana o unos amigos, o incluso mostrar cómo interactúa toda la familia con cambios y mezclas frecuentes entre los dos idiomas. El uso de una cámara de vídeo instalada de manera que pueda grabar lo que sucede en torno a una mesa, por ejemplo, puede ser de gran ayuda para conseguir intervenciones totalmente espontáneas. Si no formas parte de la conversación que deseas

grabar, tendrás que proporcionar alguna actividad a los niños para mantenerlos quietos en la mesa un rato (a ser posible, algo que no haga mucho ruido). Enseguida se olvidarán de la cámara, sobre todo si sales de la habitación y los dejas solos.

• Conviene establecer una hora y un lugar fijos para realizar las grabaciones; así evitarás olvidos. Por ejemplo, podrías destinar a esta actividad el primer fin de semana de cada mes. No es necesario que grabes muchos minutos en cada sesión.

Si tienes intención de documentar por escrito el desarrollo de tu hijo, en el Apéndice C encontrarás unas páginas que puedes copiar y utilizar para tomar notas. Si lo haces cada seis meses, lo más probable es que observes un avance considerable.

LEE PARA TU HIJO

Todos los expertos coinciden en que la lectura regular en voz alta para los más pequeños constituye un método excelente para estimular el lenguaje. Los profesores de preescolar afirman que son capaces de distinguir cuáles de sus alumnos escuchan cuentos en casa. En el caso de los niños con dos idiomas, la lectura en voz alta por parte de un adulto resulta todavía más importante. Si los niños poseen un vocabulario limitado, para los padres resulta sencillo utilizar únicamente palabras que saben que sus hijos entienden, lo que significa que los pequeños no tienen demasiadas oportunidades de aprender palabras nuevas. Leer para los niños es como darles a conocer nuevos mundos. Si en el texto hay muchas palabras que no conocen, se pueden sustituir por otras conocidas, aunque lo mejor es utilizarlas y explicar su significado inmediatamente. Trata de dar algún tipo de continuidad a la lectura: por ejemplo, puedes utilizar palabras nuevas cuando hables con el niño y preguntarle si recuerda qué palabra era. En algunos casos, los niños con dos idiomas necesitan libros de un nivel un poco más bajo en su lengua más débil.

> «Les leo cuentos en inglés todas las noches, y me he dado cuenta de lo limitado que es su vocabulario. Es decir, yo he limitado casi inconscientemente el vocabulario que utilizo con ellos, y, cuando les leo un cuento, hay muchas palabras, estructuras gramaticales y referencias culturales que no entienden... Ahora hago un esfuerzo por mantener el vocabulario y la sintaxis propios del inglés, aunque eso signifique que se pierdan muchos detalles. A veces me piden que les explique dudas, pero casi siempre incluyo las explicaciones mientras voy leyendo.»
>
> (Sean Golden, Barcelona)

En una familia con dos idiomas que utiliza el método «una persona, una lengua» con sus hijos, la lengua minoritaria necesita más atención que la mayoritaria. El niño escuchará leer en la mayoritaria en el colegio. No obstante, es importante leer para los niños en los dos idiomas. Una solución razonable sería que el progenitor de la lengua mayoritaria lea los cuentos durante el fin de semana y el de la minoritaria entre semana. Por supuesto, dicha solución no es válida para todas las familias, pero merece la pena intentarlo. No dejes de leer para tus hijos sólo porque ya hayan aprendido a leer solos. Puede pasar mucho tiempo hasta que lean con la suficiente fluidez para concentrarse en la historia. Puedes leerles cuentos que refuercen el lenguaje y que sean difíciles para leerlos por sí solos. A uno de nuestros hijos le resultaron muy útiles unos audiolibros en inglés antes de que su habilidad lectora le permitiese leer los libros para los que estaba preparado intelectualmente.

El niño que sabe leer se encuentra en posición de entrar por sí solo en el mundo de la literatura infantil. La mayoría de los padres quieren que sus hijos se alfabeticen en sus dos idiomas. Si en el colegio no se ofrecen clases en la lengua de casa o si la lengua minoritaria no se enseña en el colegio, los padres tienen la responsabilidad de ayudar a sus hijos. Aunque se ofrezca ayuda desde el centro escolar, los padres deben preguntarse en qué idioma quieren que lean sus hijos primero. En el caso de dos sistemas de escritura que emplean el mismo alfabeto, no hay demasiada dificultad en aprender a leer la segunda lengua. Si los alfabetos son distintos (por ejemplo, inglés, árabe, griego y ruso) o si hay implicado un sistema de escritura totalmente distinto (por ejemplo, chino o japonés), los problemas aumentan.

Si quieres enseñar a tus hijos a leer en la lengua minoritaria en casa antes de que se escolaricen, te recomendamos dos libros que pueden ayudarte. *Cómo enseñar a leer a su bebé*, de Glenn Doman, incluye tarjetas educativas para enseñar a los niños a leer visualmente antes de que estén listos para resolver la correspondencia entre sonidos y letras. Aunque Doman recomienda su método para bebés, a nosotros nos dio buenos resultados con uno de nuestros hijos cuando tenía 2 años; los otros tres no se mostraron interesados. Este tipo de lectura quizá no tenga demasiado valor hasta que los niños son lo suficientemente mayores para entender las palabras que están leyendo, pero se trata de un juego muy entretenido si al niño le gusta. El método de Peter Young y Colin Tyre, según el cual la lectura, la escritura y la ortografía van de la mano, se describe en su libro *Teach your Child to Read* (1985). Tanto si tu hijo aprende a leer antes de ir al colegio como si no, el contacto y la comunicación que exige el intento hacen que la experiencia merezca la pena.

Si decides esperar con la lengua minoritaria hasta que el niño aprenda a leer en la mayoritaria, el proceso puede resultar mucho más fácil. Cuando domine la lectura en un idioma, aprenderá muy rápido en el otro, por lo general, sin necesidad de una enseñanza formal: le bastará con seguir el texto mientras lo lee un adulto en voz alta. El problema puede radicar en motivarle para leer en la lengua minoritaria si le resulta más fácil en la mayoritaria.

Según nuestra experiencia, algunos niños se muestran reacios a leer en la lengua minoritaria aunque sean técnicamente capaces de hacerlo. Creen que no pueden leer libros adecuados para su edad, y que los que sí pueden leer no les interesan. Nosotros recurrimos a lecturas grabadas en cintas para que los niños las escuchasen mientras seguían el texto impreso en el libro. Ha dado buenos resultados, aunque las lecturas grabadas no son fáciles de conseguir. Es posible que necesites encontrar algún medio de motivar a tus hijos para que lean en la lengua minoritaria, como, por ejemplo, un sistema de recompensas. En nuestro caso, comprobamos que Internet era una gran motivación para nuestro hijo mayor entre los 10 y los 12 años, de manera que quince minutos de lectura (o de lectura/escucha) le daban derecho a quince minutos en Internet. Las recompensas dependerán de los gustos de los niños. Nosotros ideamos un programa de lectura para nuestros hijos durante las vacaciones de verano: las páginas se canjean por puntos y el objetivo (incluso hacen un fondo de puntos) es una salida al parque de atracciones de Gröna Lund, en Estocolmo.

El fin de todas estas recompensas consiste en conseguir que los niños lean lo suficiente para descubrir que la lectura brinda sus propias recompensas. Cuando un niño se convierte en lector independiente, no existen límites para la cantidad de vocabulario y de expresiones que puede aprender. La lectura habitual por placer constituye uno de los medios más eficaces de desarrollar el lenguaje, tanto en hablantes nativos como no nativos y a cualquier edad.

CONSIGUE MATERIAL EN LA LENGUA MINORITARIA

Hay otros materiales para los niños. A una cierta edad, muchos niños disfrutan únicamente viendo sus vídeos favoritos una y otra vez. Podrías probar a hacer respetar una norma que obligue a ver los vídeos sólo en la lengua minoritaria. Aunque esta actividad, en general, no tiene mucho valor, un niño de 4 años que vea, por ejemplo, *Sesame Street ABC* por enésima vez estará aprendiendo inglés de un modo que nunca haría si viese el programa una sola vez: aprenderá muchas cosas sobre la cultura de Gran Bretaña o de Estados Unidos, estará absorbiendo el mismo tipo de cultura infantil que los niños de países anglófonos, y, si el progenitor que habla inglés se sienta con él aunque sólo sea una vez, tendrán tema para muchas conversaciones. En tal caso, puede resultar muy valioso continuar los vídeos con los correspondientes libros, cintas e incluso artículos que no tengan nada que ver con la lengua, como almohadas o mochilas. Si el niño ya juega a videojuegos, intenta que sean educativos y en la lengua minoritaria, sobre todo aquellos que incluyen juegos lingüísticos.

Muchos padres piden a los parientes que viven en el país de la lengua minoritaria que les envíen libros, cintas y vídeos en lugar de juguetes o ropa cuando hay que hacer algún regalo. En ocasiones puede resultar difícil conseguir materiales de otros lugares. Si tienes la oportunidad de viajar a tu país natal, busca materiales adecuados en las librerías. Cuando vamos a Irlanda, nos llevamos dos maletas vacías, una dentro de la otra. A nuestro regreso a Suecia, van llenas de libros y vídeos.

En el caso de las lenguas minoritarias, existe la posibilidad de comprar libros, cintas y otros materiales por correo o por Internet. Pregunta por ahí; la lista de correo Biling-Fam de Internet ofrece una valiosa fuente de información, y puedes utilizar un motor de búsqueda para encontrar otros recursos en la Red (véase el Apéndice D). El boletín *Bilingual Family Newsletter* está repleto de información y consejos de padres.

7

Competencia en dos culturas

Acceso a dos culturas

Los niños se pueden criar con dos idiomas de muy diversas maneras. Tanto si los padres deciden que su hijo debe aprender una lengua que ninguno de los dos tiene como materna, como si uno o los dos tienen una lengua minoritaria que desean compartir con su hijo, tendrán que tomar decisiones sobre la cultura o las culturas asociadas con el idioma en cuestión. Conocer una lengua sin estar familiarizado con una cultura asociada es una habilidad académica que, aunque valiosa en sí misma, no siempre es lo que tenían en mente los padres que educan a sus hijos con dos idiomas.

Por lo general, la lengua es el menor de los problemas a los que se enfrenta una familia que vive con dos idiomas. Las diferencias culturales entre los padres suelen ser más importantes. Incluso en los casos en que las culturas implicadas no son muy distintas, como las de los países del norte o del sur de Europa, las diferencias pueden provocar grandes dificultades. Por ejemplo, la manera de hacer las cosas en Irlanda y en Suecia puede parecer, a simple vista, más similar que distinta: ambos países poseen tradiciones cristianas, son agrícolas, cuentan con la participación de violines y acordeones en sus músicas tradicionales, y consumen muchas patatas, zanahorias y nabos. Sin embargo, existen miles de pequeñas diferencias y peculiaridades que pueden provocar malentendidos y confusiones, además de mucha diversión. De hecho, resulta mucho más sencillo tolerar las grandes diferencias. Son las pequeñas cosas inesperadas las que causan problemas. Veamos algunos aspectos en los que las diferencias culturales pueden convertirse en un elemento importante en la familia.

¿LOS NIÑOS CRIADOS EN UN HOGAR BILINGÜE DEBEN CONVERTIRSE TAMBIÉN EN BICULTURALES?

La decisión de criar a los niños de manera que se familiaricen con dos culturas no es tan sencilla como la de dejarles que adquieran dos idiomas de sus padres o de otras personas, ya sea fuera o en casa. Los niños pueden adquirir una lengua sólo con que se les hable en ella y se encuentren en una situación en la que se vean motivados para utilizar el idioma con fines comunicativos. Resulta mucho más difícil lograr que los niños adquieran conocimientos de una cultura del mismo modo espontáneo. Si bien los padres pueden transmitir a sus hijos una segunda lengua, no estarán en disposición de darles una segunda cultura sin la ayuda de otras personas y sin el apoyo de la sociedad. No es imposible que un niño llegue a conocer dos culturas, pero requiere algún esfuerzo por parte de los padres.

Algunas familias deciden no intentar que sus hijos se familiaricen con la cultura asociada a la lengua que hablan. Los padres inmigrantes que se integran en la sociedad de la lengua mayoritaria pueden no sentir la necesidad de transmitir a sus hijos la cultura con la que crecieron. Las dificultades prácticas que implicaría esa transmisión pueden ser demasiado grandes, sobre todo si la familia apenas tiene contacto con otras personas del mismo origen que el progenitor inmigrante. Algunos padres inmigrantes consideran que sus hijos tienen que integrarse por completo en la sociedad mayoritaria, y que los intentos de mantener o transmitir las costumbres del país de origen no figuran entre sus intereses. Otras familias, en cambio, sienten la necesidad de que sus hijos se familiaricen con las costumbres del país de procedencia, en muchos casos, por razones religiosas.

En el caso de las familias cuyos dos progenitores tienen un origen minoritario común, la situación resulta algo más sencilla. La cultura minoritaria no tendrá tanta competencia de la mayoritaria en casa. Los niños tienen contacto con la sociedad en la que viven a través del colegio, los amigos y las actividades complementarias. Esto significa que esa competencia aumenta a medida que los niños crecen y se implican más en el mundo ajeno a la familia.

Cuando ninguno de los dos progenitores es un hablante nativo de la lengua minoritaria, resulta más difícil que los hijos se familiaricen con la cultura de un país donde se habla la lengua en cuestión. Si una familia con una lengua minoritaria o que vive con dos idiomas puede mantener las tradiciones de la cultura minoritaria y transmitir ese modo de ver el mundo, cualquier intento de enseñar a los niños las costumbres de la cultura asociada con la lengua minoritaria que uno o los dos progenitores han elegido hablar con sus hijos puede parecer artificial en una familia que habla la lengua mayoritaria. En tal caso, probablemente sería mejor viajar con frecuencia a un país donde se hable la lengua minoritaria.

Los padres que desean que sus hijos se familiaricen con la cultura asociada con su segunda lengua (la minoritaria) deben meditar largo y tendido el mejor modo de hacerlo. Si la intención es que en el futuro el niño se sienta como en casa en dos países, se requerirá más trabajo que si sólo va a conocer las costumbres del país con la lengua minoritaria. En cualquier caso, los padres pueden ayudar mucho a preparar a sus hijos para las visitas al otro país.

SENTIRSE COMO EN CASA

Los niños que van a visitar a sus abuelos, por ejemplo, a otro país pueden sentirse decepcionados si no entienden gran parte de lo que hablan los adultos. Aunque hayan aprendido razonablemente bien el idioma de sus abuelos y se puedan comunicar sin demasiados malentendidos, es posible que se sientan muy distintos a los niños de su misma edad del país en el que se encuentren. Probablemente, esperaban sentirse algo más que meras visitas. Los padres quizás esperen que sus hijos sepan cómo comportarse de forma instintiva, como si se hubiesen empapado de las costumbres, además de la lengua minoritaria, en casa. Las familias con dos idiomas acostumbran a enseñar a sus hijos principalmente los modales del país en el que viven. Resulta discutible si es viable enseñar a niños muy pequeños dos formas de comportarse. El cambio de códigos culturales no es tan sencillo como cambiar de idioma.

Un adulto criado con dos idiomas puede sentir de forma todavía más intensa que le falta soltura en la cultura de la segunda lengua. Resulta muy triste visitar el país en el que creció tu madre y sentirse como un extranjero. Muchas familias intentan evitar que sus hijos se sientan así o que los demás los perciban como extranjeros en el país en el que viven o en la tierra natal de uno o ambos progenitores. Otras familias consideran que eso no es importante. Cada familia tiene que tomar su propia decisión, pero debe ser una decisión activa. Sin ayuda, los niños difícilmente adquirirán otra cultura que no sea la propia en la que viven y van al colegio. Para que se sientan como en casa en otro país, los padres tienen que hacer un esfuerzo. A los niños les cuesta menos aprender ciertos aspectos de la cultura en general: por ejemplo, a través de libros y juegos infantiles que formen parte del bagaje de los que conocen la cultura desde dentro. Estos aspectos no se pueden aprender a una edad más avanzada. Los recuerdos de la infancia constituyen una parte importante del hecho de pertenecer a una cultura. Los padres pueden participar en gran medida para ayudar a sus hijos en este campo.

La práctica hace al maestro. Resulta poco realista pensar que los niños que conocen a la perfección su segunda cultura aprendida en casa se sentirán inmediatamente como en casa en otro país. El mejor modo de familiarizarse con la cultura de un país consiste en pasar allí el mayor tiempo posible. Cuando se trata de adquirir la competencia cultural necesaria para sentirse como en casa en dos culturas, lo ideal sería pasar seis meses en cada país: supondría un modo excelente de aprender los dos idiomas. Sin embargo, ése no es el modo de vivir que elige la mayoría de las familias; además, ese estilo de vida supondría muchas otras desventajas, en especial para los niños. Las visitas frecuentes al país de la lengua minoritaria y los encuentros con diferentes personas durante esas visitas, sobre todo con otros niños y sus familias, enseñan a los niños muchas cosas sobre las costumbres del país en cuestión. Por ejemplo, pueden visitar a sus primos o a los amigos de sus parientes si tienen hijos de la misma edad.

«El alemán, el holandés y el inglés se encuentran tan estrechamente relacionados que no se produce un auténtico "choque cultural" (a menos, claro, que te traslades a América…).»

(GABRIELE KAHN, Oregón)

«Yo hago el esfuerzo de exponerla a otras personas japonesas de nuestro entorno. Por suerte, conozco a varias familias japonesas [el padre y el madre son japoneses] que nos invitan a mí y a mi hija. Así ella tiene la oportunidad de entender la cultura japonesa.»

(KAORI MATSUDA, Australia)

«Al conocer la cultura, se crean recuerdos y los conceptos o las palabras de la lengua minoritaria cobran vida.»

(ANDREAS SCHRAMM, Minnesota)

SABER CÓMO COMPORTARSE

Los niños aprenden mucho sobre el país donde crecen mediante sus propias observaciones, imitando a los demás, haciendo lo que los adultos les indican, escuchando las conversaciones de los adultos, viendo la televisión y asistiendo al colegio. Muchos niños que van de visita a otro país no conocen el contexto de lo que ocurre a su alrededor. Si, por ejemplo, un niño de otro país visita Irlanda del Norte, las fachadas con las huellas de las bombas y los controles de carretera en los que soldados armados apuntan con sus ametralladoras a los vehículos le parecerán muy alarmantes. Los niños que visitan Suecia pueden sorprenderse de que la gente se quite los zapatos cuando entra en casa, e incluso en determinados lugares públicos (por ejemplo, hospitales infantiles o guarderías); los que visitan España pueden sentirse desconcertados de que les hablen adultos que no conocen de nada. Y los que visitan Inglaterra se preguntan por qué los adultos les ignoran. Cada país posee sus peculiaridades.

Preparar a un niño para un viaje al país de la lengua minoritaria no es sencillo. Probablemente, los padres desearán que las personas a las que visiten piensen que sus hijos están bien educados. El problema es que la buena educación significa cosas distintas según cada cultura. Por supuesto, resulta muy importante que los niños se comporten correctamente en el país en el que viven de forma habitual. Mientras están en casa se pueden aplicar las normas de la cultura mayoritaria, pero el progenitor inmigrante puede sentirse muy presionado a comportarse de acuerdo con su cultura cuando visite su país de origen. Ello puede significar ser más estricto de lo normal con los niños, que encontrarán la situación muy confusa.

Nosotros experimentamos esta situación en varias ocasiones en que visitamos (con dos de nuestros hijos) a unos amigos de Inglaterra que también tenían dos niños. Éstos se llevaban muy bien, aunque eran un poco escandalosos. Nuestros amigos no dejaban de mandar callar a sus hijos, de manera que nosotros nos sentimos obligados a hacer lo mismo, aunque el nivel de ruido era mucho menor del tolerable para las normas de conducta suecas.

Religión

La religión y la cultura se encuentran íntimamente relacionadas. Aun en los casos en que ambos miembros de la pareja parecen compartir la misma religión, por ejemplo, si son católicos romanos, o agnósticos, o protestantes, pueden existir enormes diferencias en su modo de ver el mundo. Un católico polaco no lleva el mismo tipo de vida religiosa que un católico francés, ni un luterano suizo es igual que un anglicano inglés. Las características nacionales influyen en la vivencia cotidiana de la religión. Algunas sociedades están más secularizadas que otras.

La religión no siempre tiene tanta carga como en Irlanda del Norte o Bosnia Herzegovina, por ejemplo, pero ello no impide que pueda provocar problemas a las parejas de diferentes países. Cuestiones como la posibilidad del matrimonio, o dónde casarse en caso de decidir dar ese paso, pueden resultar problemáticas. En algunos países, convivir antes del matrimonio se considera inapropiado. Muchos padres suspiran aliviados cuando sus hijos deciden casarse, tanto si es con un «extranjero» como si no.

Casarse por la Iglesia puede resultar complicado si se encuentran implicadas dos religiones distintas. La pareja puede llegar al acuerdo de criar a los futuros hijos en una de sus religiones antes de casarse. Incluso puede darse el caso de que uno de los miembros de la pareja sea presionado para convertirse a la religión del otro. Si ninguno de los dos es religioso, también puede suceder que sean presionados para casarse por la Iglesia. Para muchas personas, incluso para aquellas que no practican la religión, las bodas religiosas forman parte de la tradición y las ceremonias civiles parecen una segunda opción no muy adecuada. Lo mismo ocurre con el bautismo. Los católicos romanos, por ejemplo, lo consideran una entrada formal a su Iglesia; para otros (por ejemplo, para muchos suecos), el bautismo es una ceremonia tradicional de imposición del nombre con un significado religioso mínimo. La decisión consciente de no bautizar a los hijos en Suecia provoca desconcierto en algunas personas. En una familia en la que los padres proceden de diferentes tradiciones religiosas será preciso discutir la crianza de los hijos en materia de religión, sobre todo si los padres participan de forma activa en una congregación.

Adquirir competencia cultural

En general, los niños con dos idiomas se sienten muy motivados para aprender a comportarse correctamente en sus visitas al país donde se habla la lengua minoritaria. Desean encajar y ser como los demás, sobre todo cuando se encuentran en compañía de otros niños. Asimismo, es posible que estén dispuestos a aprender nuevos patrones de comportamiento para ganarse la aprobación de los abuelos u otros adultos.

Ningún método para enseñar a los niños la cultura de la tierra natal de sus padres resulta tan eficaz como llevarlos allí para que la vivan de primera mano. Si el deseo de la familia es que los niños sean capaces de expresarse como nativos en las dos lenguas y las culturas implicadas en sus vidas, sin que lleguen a sentirse nunca como extranjeros, tienen mucho que aprender. Es posible que nunca se logre ese nivel de competencia, al menos durante la infancia. No obstante, el proceso de aprendizaje puede empezar en casa: el progenitor con la lengua minoritaria explicará a sus hijos cómo es la vida en su país de origen y pondrá a su alcance toda la parafernalia infantil de dicho país. Conviene tener en cuenta que el padre o la madre pueden no estar informados de los últimos avances y cambios en la sociedad, ni de las tendencias actuales sobre el cuidado de los hijos en su país de origen. Las visitas de personas procedentes del país donde se habla la lengua minoritaria pueden suponer un valioso recurso para los niños. Por desgracia, esas visitas no suelen estar al tanto de la situación familiar e incluso puede que insistan en hablar la lengua dominante con los niños. Veamos algunos elementos que el niño potencialmente bicultural necesita saber.

Ejemplo

Leif (8 años y 6 meses) a su abuela, en Irlanda: «En Suecia decimos "tack för maten" a papá y "thank you for the food" a mamá, pero a ti podemos decirte "please may I leave the table"».

COMPORTAMIENTO SOCIAL

Las normas de comportamiento difieren de un país a otro. Cada cultura tiene las suyas, y las diferencias se prolongan hasta las familias y los individuos. Existe todo tipo de variaciones culturales: por ejemplo, en el modo de saludarse (besos, abrazos, apretón de manos, contacto visual, asentir con la cabeza, decir «hola», etc.). Las variaciones también incluyen a los niños. Algunas culturas son mucho más tolerantes con los niños que otras. En las familias biculturales pueden surgir problemas derivados de estas diferencias. Detalles como la frecuencia y la duración del contacto visual presentan variaciones según la cultura. La falta del contacto visual esperado puede dar impresión de rigidez; el exceso puede resultar desagradable para el interlocutor. El volumen de la voz y lo mucho o lo poco que debe hablar una persona también varían entre culturas, igual que la distancia entre dos personas que conversan.

Ser educado constituye otro elemento potencial de dificultad para los que necesitan moverse correctamente en dos culturas. Expresiones como «por favor» y «gracias» no existen en todos los idiomas, y cuando existen, probablemente no se utilizan del mismo modo. La palabra alemana *bitte* en ocasiones significa «por favor» y otras veces no. El término sueco *tack* puede significar «por favor» o «gracias» en función del contexto. Estas palabras y expresiones son muy importantes: tomarse el tiempo necesario para enseñar su uso correcto a los niños mejorará en gran medida su corrección en el país en cuestión. Si no se dice «por favor» en el contexto adecuado en un país anglosajón, el niño o el

137

adulto parecerá muy maleducado o extranjero en algunas circunstancias. Los taxistas y los revisores de los transportes públicos suelen mostrarse muy mordaces con los desafortunados extranjeros que olviden decir «please» y «thank you».

La religión es un elemento importante en muchas culturas. No resulta razonable transmitir dos religiones a los niños, pero sí deben ser conscientes de las diferencias entre la religión de la «segunda» cultura y la de la principal. Una familia en la que ambos progenitores son inmigrantes del mismo país puede compartir el mismo origen cultural y religioso, y transmitirlo de forma natural a sus hijos, aunque vivan en un país donde la mayoría profesa una religión distinta. Las parejas mixtas optarán por una u otra religión, o simplemente prescindirán de ella. La religión puede suponer un tema delicado para los abuelos de ambas partes si la familia tiene dos idiomas y dos culturas. Cualquiera que sea la solución que adopte la pareja, existe el riesgo de ofender la sensibilidad religiosa de una de las dos partes.

> «Nuestra situación es complicada porque somos judíos; sin embargo, los problemas derivados probablemente no son mucho más graves de los que habríamos tenido si nos hubiésemos quedado en Estados Unidos. Partes de ambas culturas son profundamente antisemitas, y nunca nos hemos "escondido" en una comunidad judía. A ambos lados de la frontera siempre hemos animado a nuestros hijos a conocer las costumbres no judías y a sentirse orgullosos de las nuestras.»
>
> (Anónimo, México)
>
> «Durante un tiempo asistí a clases de "liberación religiosa" [cristiana] después del colegio (ante la insistencia de mi profesor de 3° y con la aprobación de mi padre). Los domingos acudía a los servicios en el templo budista local. En 6° curso dejé

de ir a las clases y mis compañeros [de entre 5 y 14 años] se quedaron un poco sorprendidos cuando les dije que yo *era* budista pero que había asistido porque mis padres pensaban que todas la religiones son "buenas".»

(FRAN SCHWAMM, Japón)

Los niños cuyos padres proceden de dos culturas muy distintas pueden tener dificultades para familiarizarse con la cultura en la que no viven inmersos. Todo resulta más sencillo en el caso de los padres de la misma procedencia que pueden otorgar una posición privilegiada a su cultura original en casa. Las distancias implicadas o las consideraciones políticas pueden hacer que las visitas frecuentes al país natal de uno o de los dos progenitores estén fuera de toda posibilidad. Los niños no aprenderán suficientes datos de la segunda cultura hasta que puedan visitar por sí mismos el país en cuestión. De hecho, en muchos casos sucede que aunque los padres creen un oasis para su cultura propia en casa, los niños sintonizan completamente con la cultura mayoritaria. Ello puede suponer una fuente de conflictos durante la adolescencia de los hijos (por ejemplo, si los padres no les otorgan la misma libertad de la que disfrutan sus amigos).

«He pasado por diferentes fases de ajuste cultural, porque llevo desde los 17 años viviendo a caballo entre Estados Unidos y Japón. Cuando viví en Estados Unidos, entre los 17 y los 21 años, intenté convertirme en "norteamericana". Nunca me sentí complemente cómoda porque muchas de las características norteamericanas que intentaba absorber se contradecían con las que ya poseía, pero en aquella época, en especial cuando asistía al instituto, en una zona rural, sentía que era el único modo de ser aceptada por los compañeros. Tuve otra época difícil cuando regresé a Japón, aunque todavía no estoy segura de si luchaba con la cultura japonesa o con la nueva escuela.»

(Aya Matsuda, Indiana)

«Definitivamente, ser bilingüe es una ventaja, sobre todo porque la lengua china revela/representa la cultura china. Yo me identifico como multicultural porque siento un profundo respeto por los valores y los rituales chinos, aunque crecí en Hollywood, California, en una zona predominantemente euroamericana. De pequeña, en el colegio, pasé por experiencias difíciles: no encajaba, no tomaba comida americana, no era cristiana, no estaba familiarizada con las lecturas de la Biblia y no encajaba en la norma.»

(Donna May Wong, Oregón)

«Hemos tenido algunas discusiones sobre el tema de que "nuestro hogar" es americano frente a algunas costumbres japonesas que quiere seguir como sus compañeros de clase. Nunca ha sido una "batalla", y parece que lo acepta bastante bien.»

(Fran Schwamm, Japón)

«En general, seguíamos las costumbres liberales norteamericanas. Sin embargo, muchos mexicanos hacen lo mismo, simplemente porque la crianza tradicional de los hijos en México es patriarcal, matricéntrica y bastante brutal.»

(Harold Ormsby L., México)

«Sacamos a nuestra hija mayor del colegio cuando tenía 10 años y la educamos en casa. Es lo que yo considero una niña "normal": poco femenina, le encanta pelear y trepar a los árboles, y no le importa lo más mínimo la ropa que lleva puesta. Pues bien, las niñas de su clase le dijeron que necesitaba sujetador, desodorante y depilarse las piernas… ¡con 10 años! Y, además, no llevaba ropa "guay", no veía la televisión, no participaba en la Jura de la Bandera, etc. Vivimos cerca de una pequeña comunidad agrícola en la que todo el mundo lleva un arma en la camioneta. Actualmente estamos intentando trasladarnos a una ciudad universitaria cercana; espero que allí no tengamos tantos problemas por ser "diferentes". Aunque conozco a una pareja alemana que vive en esa ciudad, y tienen dos hijas de 12 y 10 años que se niegan a hablar alemán porque ninguna de sus amigas es bilingüe y ellas no quieren ser "bichos raros". ¡Vaya! Ojalá encontrásemos el modo de regresar a Europa.»

(GABRIELE KAHN, Oregón)

«Mis padres eran bastante estrictos y conservadores, y yo siempre he pensado que era "el modo de ser japonés"; sin embargo, después de vivir en Japón quince de los últimos veinte años, creo que los japoneses son bastante tolerantes e indulgentes con el comportamiento de sus hijos.»

(FRAN SCHWAMM, Japón)

CULTURA INFANTIL

Aprender a comportarse como un nativo de un país requiere un gran esfuerzo. Si los niños biculturales necesitan ser capaces de sentirse y pasar por nativos de más de un país una vez alcanzada la edad adulta, deben experimentar la infancia en ambas culturas. Ser nativo de una cultura determinada significa compartir un bagaje común y unas experiencias. Esto significa que el niño bicultural debería experimentar al menos algunas facetas clave de la infancia en ambas culturas.

Visitar un colegio en el segundo país constituye una experiencia enriquecedora, sobre todo si se hace en varias etapas distintas. ¿No sería posible que los niños vayan al colegio con un primo o un amigo durante uno o dos días en años alternos? Una vivencia así les aporta una visión de la vida de sus contemporáneos en el segundo país: ven cómo se comportan, cómo les tratan los profesores, qué aprenden y cómo lo hacen... y así pueden comparar con su propio colegio. El idioma de los niños también mejorará notablemente, ya que aprenderán palabras que nunca oirían en casa (pizarra, rotulador, recreo, etc.).

Resulta beneficioso que los niños vean programas de televisión infantiles pensados para niños de su edad de la segunda cultura. Aparte de la formación en lenguaje que estos programas ofrecen, también permiten que los pequeños se familiaricen con los personajes y los programas que sus contemporáneos recordarán con cariño cuando se hagan mayores. Existe la posibilidad de ver programas de otros países a través de la televisión por satélite o por cable, o en vídeos grabados o comprados en el segundo país. Las experiencias compartidas constituyen una parte importante de la pertenencia a cualquier grupo. La literatura infantil resulta igualmente importante. Leer libros de las dos culturas ayuda a los niños biculturales a entenderlas mejor, además de proporcionar una experiencia que compartirán con otros niños de cada uno de los países.

Los padres que crían a sus hijos alejados de otros que comparten sus raíces culturales pueden optar, o no, por cantar a los niños las canciones infantiles que forman parte de la cultura de la lengua minoritaria. Existen numerosos juegos infantiles, canciones e incluso chistes que los más mayores transmiten a los pequeños de generación en generación. Aunque los niños no puedan asistir a un colegio del segundo país o conocer a otros niños de allí, siempre se puede comprar un libro que explique los juegos y enseñárselos después a los niños.

Mantener o no las tradiciones del segundo país constituye una decisión difícil en muchas familias que viven con dos idiomas. En ocasiones se puede reunir a algunos compatriotas para organizar celebraciones tradicionales. Hay quien decide compartir el momento con hablantes de la lengua mayoritaria y quien opta por celebrar las fechas señaladas en familia. Si la cultura mayoritaria también celebra alguna de esas festividades, puede que resulte más sencillo introducir al menos algunos elementos de la minoritaria. Desde el punto de vista de los niños, es una lástima no compartir con ellos las tradiciones de la segunda cultura, aunque vivan en otro país.

Los momentos especiales del año (Navidad, Año Nuevo, cumpleaños, etc.) hacen que se centre toda la atención en las tradiciones y las costumbres de la cultura mayoritaria. En las familias cuyos padres proceden de tradiciones distintas surgen muchas dudas. ¿Hay que celebrar la Navidad? En caso afirmativo, y si forma parte de las dos tradiciones, ¿debe celebrarse según la tradición mayoritaria o la minoritaria? Muchas familias, en especial las que tienen niños pequeños, deciden celebrarla según las dos tradiciones: por ejemplo, en un país se celebra Nochebuena (Suecia) y en el otro la Navidad (Irlanda). Nosotros celebramos la Nochebuena según la tradición sueca, con los primos de Suecia y sus familias; cenamos jamón cocido, albóndigas, arenque en escabeche y arroz con leche. El día de Navidad lo celebramos según la tradición irlandesa, con un pavo o una oca y pudín de pasas. Algunas familias pasan las fiestas con los abuelos maternos y los paternos en años alternos: esto significa que la Navidad se celebra cada vez según una de las dos tradiciones, pero se puede llegar a un acuerdo y unir las dos en una sola celebración.

Los cumpleaños se celebran de maneras muy diversas según los diferentes países. En algunos lugares se consideran especialmente importantes ciertas edades, como los 18, los 21, los 40 y los 50 años. Existen países en los que es normal celebrar una gran fiesta con muchos invitados en cumpleaños señalados (por ejemplo, en Suecia cuando cumples 50); otras tradiciones consisten en celebrar esas fechas señaladas con la familia más allegada. Hay países en los que todos los días del año se asocian con uno o más nombres y se celebra el día del santo. ¡Pobres inmigrantes cuyo nombre extranjero ni siquiera figura en el calendario! Mohammed es uno de los nombres más comunes en Suecia, pero no tiene un día señalado en el calendario.

En muchas familias son las mujeres las que se encargan de los cumpleaños y celebraciones similares. Para las mujeres que viven alejadas de su cultura, la cuestión de hacer regalos o enviar felicitaciones con motivo de un cumpleaños o de un santo puede suponer un problema. Las dudas de un inmigrante sobre el comportamiento adecuado pueden interpretarse como indiferencia o incluso como una actitud distante.

Piensa qué fiestas y costumbres de la cultura minoritaria consideras importantes para celebrarlas en familia. ¿Qué deseas transmitir a tus hijos? Es posible que algunas de esas fiestas no se celebren en la cultura mayoritaria, o que se haga de manera distinta. Resulta difícil celebrar algo cuando nadie más lo hace. Además, es posible que no dispongas de los complementos necesarios para una celebración tradicional. Que las familias holandesas que se encuentran fuera de su país celebren Sinterklaas en diciembre, o que los españoles que viven fuera de España celebren la noche de los Reyes Magos en enero depende en cierta medida del apoyo que reciban los progenitores de sus parejas y de sus hijos. Si existe una comunidad inmigrante local que comparte la misma cultura, las cosas pueden ser mucho más sencillas. Un año estuvimos en una celebración británico-neozelandesa de la noche de Guy Fawkes (5 de noviembre) en el corazón de la campiña sueca. Los niños americanos del barrio celebraban Halloween y pasaban por las casas con su «truco o trato» mucho antes de que los pequeños suecos empezasen a hacer lo mismo. Ahora las tiendas suecas se llenan de la parafernalia propia de Halloween desde mediados de octubre, lo cual hace casi imposible motivar a los niños para que celebren el Halloween irlandés. No obstante, en una ocasión celebramos una fiesta memorable con hoguera, el juego de atrapar manzanas flotando en agua, etc.

«En un esfuerzo por enseñar a mis hijos los aspectos culturales de su herencia americana, me he cuidado de celebrar todas las fiestas propias (Acción de gracias, Halloween, el día de san Patricio, el día de san Valentín, el 4 de julio y Navidad, con todas sus características culturales típicas).»

(MARGO ARANGO, Colombia)

«Nosotros celebramos la Navidad según la tradición checa, ya que mi marido y yo pensamos que en la Navidad al estilo americano todo está demasiado comercializado. (Las austeras navidades comunistas en Checoslovaquia ejercieron su influencia en mí.) Aunque mi hijo ya tiene 24 años y mi hija 18, todavía dejan sus calcetines para san Nicolás y esperan ilusionados sus regalos del Niño Jesús. Tuvimos que idear una especie de mitología familiar para explicarles la existencia de Santa Claus: que tenía que cuidar de los niños americanos, que en realidad era el ayudante del Niño Jesús, etc. Y también introdujimos una mezcla de costumbres americanas y checas, ya que nos integramos en la vida de este país.»

(ALTHEA PRIBYL, Oregón)

«Dado que toda nuestra familia pasa las vacaciones junta, todo el mundo se expone a la cultura china (comida, arte, idioma, vestimenta…). En conjunto, todos valoramos el multilingüismo como una ventaja y un elemento que conseguir para mejorar las relaciones y la comunicación en nuestra sociedad tan diversa.»

(DONNA MAY WONG, Oregón)

El modo de tratar a los invitados y de prepararse para su visita constituye otra fuente potencial de conflicto en las familias interculturales. Los miembros de la pareja pueden reaccionar de formas muy diversas cuando saben que van a tener invitados: uno se preocupa de encontrar tiempo para limpiar la casa de arriba abajo para que los invitados no piensen que está sucia, mientras que el otro empieza a pensar en los menús; uno expresa su deseo de pintar la cocina antes de que lleguen las visitas, y el otro lo que quiere es comprar un televisor más grande y más caro; uno se preocupa de que las toallas no combinan, y el otro se pregunta cuánto vino beberán los invitados. Si bien algunas de estas diferencias revelan intereses individuales, existen también patrones culturales que dictan cómo queremos que nos perciban los demás.

En Suecia se espera de los invitados que se quiten los zapatos y se muevan por la casa en calcetines, con la excepción de las fiestas más formales (en este caso llevan zapatos sólo para lucirlos en la casa, sobre todo en invierno). Esta tradición se debe a la poco acertada combinación de suelos pulidos de madera o vinilo con alfombras de tela y zapatos húmedos o llenos de nieve, pero en realidad el clima no es mucho más húmedo que en Inglaterra, por ejemplo (donde la combinación de zapatos de exterior húmedos o llenos de barro y moquetas suaves y absorbentes resulta muy poco higiénica). La falta de respeto por estas costumbres puede provocar tanto resentimiento en un país como en el otro. ¡Pobres invitados a comer en un hogar inglés que intenten quitarse los zapatos, o a uno sueco que pasen con los zapatos puestos y dejen huellas en el suelo! Es posible que nadie diga nada porque los visitantes son extranjeros, pero si las miradas matasen...

En las salidas a bares o restaurantes, la cuestión de quién paga plantea diferencias según la cultura. Algunos hombres no permiten que las mujeres paguen; en otros casos, se paga a medias. Hay quien tiene la cultura de «pagar rondas», con normas muy estrictas, mientras que en otros lugares cada uno paga lo suyo. La falta de conocimiento de estas costumbres puede provocar fallos en la comunicación.

Estas diferencias forman parte de la cultura de los adultos y resulta muy complicado darlas a conocer de manera explícita. Además, este tipo de normas no escritas son propensas a cambiar con el paso del tiempo, de manera que los padres que no hayan vivido en su país de origen durante muchos años pueden quedarse anticuados en su modo de comportarse. El mejor modo de preparar a los niños y adolescentes para pasar una temporada en el «otro» país consiste en ser consciente de que las cosas serán distintas a como son en casa, en mantener los ojos y los oídos muy abiertos y en hacer lo que hacen los demás. Por supuesto, este consejo resulta adecuado para los jóvenes que viajen al extranjero. La diferencia es que los jóvenes que crecen con el idioma que se habla en el país de destino puede que lo hablen sin acento extranjero y con total fluidez, y que por eso se espere de ellos que se comporten como hablantes nativos.

COMIDA Y BEBIDA

La comida y la bebida pueden suponer una fuente de dificultades para las familias con dos culturas. En algunos países del sur de Europa, por ejemplo, se considera perfectamente normal que a partir de determinada edad los niños tomen vino mezclado con agua. En Escandinavia, esa práctica se consideraría escandalosa e incluso ilegal. Hay países en los que la cena se sirve muy tarde y los niños permanecen despiertos hasta bien entrada la noche, mientras que en otros lugares los niños ya están en la cama a las 7 o las 8 de la tarde. Los alimentos pueden ser muy característicos de las diferentes culturas. Las familias mixtas acostumbran a tomar lo mejor de cada tradición gastronómica. Los niños pueden estar acostumbrados a los alimentos que se toman en el país en el que viven y en el de procedencia de uno de sus progenitores: se debe a que los inmigrantes suelen dejar a un lado la comida a la que están acostumbrados para intentar preparar de vez en cuando los platos familiares de su infancia. Así, transmiten a sus hijos automáticamente la tradición culinaria de su país natal. Nuestros hijos, por ejemplo, conocen la gelatina y los helados de las fiestas de cumpleaños, cosa que sorprende mucho (y en ocasiones disgusta) a sus amigos suecos, y con algún que otro pan de patatas irlandés (también muy popular incluso entre los suecos).

Comer y beber constituyen dos importantes actividades propias de la cultura de un pueblo y, sin duda, se reflejan en la vida cotidiana de las parejas interculturales. Si sólo uno de dos los compra y cocina, la tradición culinaria de esa parte estará más representada, aunque no necesariamente es así. Muchas familias consideran que sus hábitos gastronómicos giran en torno a una mezcla de alimentos de las dos culturas, la mayoritaria y la minoritaria, al menos si es el progenitor inmigrante el que prepara la comida. En caso contrario, es probable que impere la comida de la cultura mayoritaria.

Muchas personas aprenden a cocinar realmente cuando se independizan y, si eso ocurre en un país que no es en el que se han criado, se reflejará en sus hábitos alimenticios. Un inmigrante cuya pareja procede de la cultura mayoritaria puede aprender muchas cosas de la comida de esa cultura. Hay que aprender a comprar de un modo distinto: aunque se encuentren alimentos del país de origen, serán importados y, por tanto, muy caros. Es preciso aprender a comer como la gente de la cultura mayoritaria para evitar que las cuentas del supermercado se suban por las nubes. Esto no significa que haya que dar la espalda totalmente a los métodos de preparación y a los ingredientes con los que se está familiarizado, aunque sí será necesario adaptar las recetas a los productos disponibles y reservar las especialidades de la infancia para ocasiones señaladas.

HOMBRES Y MUJERES

En todas las culturas, incluso en aquellas que se manifiestan totalmente libres de cualquier tipo de concepto ligado al género, la relación entre hombres y mujeres resulta fundamental, pero existen diferencias. Si las mujeres de algunos países se sienten económica y socialmente obligadas a trabajar a tiempo completo y dejar a sus hijos en un jardín de infancia, en otros países se espera de ellas que se queden en casa cuidando a sus hijos hasta que empiecen el colegio. Algunas familias interculturales descubren que no siempre se cumplen sus expectativas sobre el comportamiento de los hombres y las mujeres.

Hombres y mujeres tienen distintas áreas de responsabilidad en las diferentes culturas, aunque las diferencias individuales pueden ser considerables: entre los puntos de conflicto potencial figuran el cuidado de los hijos, la cocina, las tareas domésticas, las pequeñas reparaciones domésticas, la compra de la comida y la ropa y la responsabilidad económica. Se trata de temas sensibles y difíciles para muchas personas, aunque importantes con respecto al modo de educar a los hijos. La familia debe ser consciente de las diferencias culturales entre lo que consideran, por ejemplo, educación, tareas, juegos y juguetes de niños y de niñas. Para algunos padres es importante transmitir a sus hijos los conocimientos que ellos mismos adquirieron de sus padres, ya se trate de fútbol, cómo pescar una trucha, cómo colocar papel pintado o cómo adivinar qué árboles de un bosque serán los primeros en caer. Las madres también tienen conocimientos para transmitirlos a sus hijas: trabajos artesanales, cómo preparar alimentos tradicionales o trajes populares.

A pesar de todo, crecer en una familia intercultural tiene sus ventajas: ofrece la posibilidad de aprender sobre otros pueblos y de entender que, en realidad, hay muy pocas cosas que se puedan dar por sentado. Los adultos implicados ven su propia cultura a través de nuevos ojos, y durante ese proceso es posible que se conviertan en personas más tolerantes. Sin embargo, los que busquen una vida sencilla harían bien en casarse con el vecino o la vecina. Muchos adultos que han crecido con dos idiomas explican experiencias muy diversas durante su exposición a dos culturas.

«Creo que encajo mejor en otras culturas desde que tengo una experiencia práctica, y casi diaria, de cambiar de una a otra.»

(Jasmin Harvey, Estados Unidos)

«Para mí, ser multicultural ha significado que no soy "de" un lugar concreto, y no es que eso suponga necesariamente un problema. Cuando era universitaria aquí, en Estados Unidos, las preguntas y los comentarios de mis compañeros monoculturales me resultaban insoportablemente previsibles (qué acento tan mono, en mi instituto había un estudiante de intercambio de Finlandia, etc.). No existe una categoría concreta en la que la gente pueda incluirme, así que en aquellos primeros años me vi obligada a repetir toda mi extraordinaria historia familiar una y otra vez a personas casi (o totalmente) desconocidas. Ahora ya no hago eso; si alguien *tiene* que saber "de dónde soy", les explico la parte de la historia más conveniente. No estoy obligada a ayudarles a que me clasifiquen. Últimamente he conseguido integrarme, así que la mayoría de la gente no se da cuenta de lo extraño de mi procedencia.»

(Mai Kuha, Estados Unidos)

8

Posibles problemas

La calidad de lo que los niños escuchan

Los niños que van a adquirir dos idiomas necesitan que se les hable directamente en los dos (en general, sentar a un niño delante del televisor no es suficiente). Si al niño le hablan habitualmente adultos no nativos, es muy probable que adopte su forma de expresarse. Algunos padres evitan hablar la segunda lengua delante de los niños (aunque no se dirijan a ellos) para que éstos no adopten sus defectos. En el caso del progenitor de la lengua minoritaria que habla la mayoritaria, no hay razón para preocuparse. Los niños oyen a tantos hablantes nativos de la lengua mayoritaria que probablemente no utilizarán las pronunciaciones, palabras o estructuras gramaticales erróneas del progenitor de la lengua más débil. Aunque un niño pequeño copie el acento extranjero de su padre o su madre en la lengua dominante, será sustituido por un acento local a medida que el círculo social del niño aumente.

En el caso de la lengua minoritaria, sería mejor que los niños escuchen incluso a hablantes no nativos si ello significa que se van a exponer más a dicha lengua. En otras palabras, el niño escuchará con mayor frecuencia a la madre que habla la lengua minoritaria si ella la utiliza para comunicarse con él y con su pareja. Así se evita la posibilidad de que el niño adopte el acento extranjero del padre en la lengua minoritaria. Según nuestra experiencia, los niños toman conciencia rápidamente de cuál de los progenitores comete errores en su segunda lengua y se unen al que la tiene como lengua materna para señalar esos errores.

Incluso el progenitor que habla su lengua materna no siempre es un modelo libre de errores. Después de muchos años sin mantener contacto con otros hablantes nativos (en especial los que no conocen la lengua mayoritaria), muchas personas sienten que su fluidez ya no es lo que era. Las palabras inusuales pueden desaparecer del vocabulario activo, e incluso del pasivo. Resolver crucigramas o jugar al Scrabble con los amigos de juventud que se han quedado en su tierra natal puede suponer auténticas revelaciones y hacer tomar conciencia de que el vocabulario avanzado se ha quedado muy atrás.

En ocasiones, el habla de los que han vivido muchos años en el extranjero resulta peculiar y está llena de expresiones pasadas de moda. Las palabras relativas a los avances tecnológicos también resultan problemáticas; es posible que las conozcas en la lengua del país donde vives, pero no en tu lengua materna. Y lo mismo ocurre con las experiencias vividas en el nuevo entorno, como tener un bebé o aprender un deporte: conoces todo el vocabulario en el nuevo idioma, pero no en el tuyo. Por ejemplo, ¿dejas a tus hijos en la guardería o en el jardín de infancia?

«¡Claro que mi primera lengua se ha visto afectada! Ahora hablo un inglés mucho más simple que antes. A veces no encuentro esa palabra que se me resiste... Una parte de mí considera pretenciosas a las personas con vocabularios muy extensos, y la otra parte se siente celosa.»

(Mujer estadounidense que vive en Suecia)

«Por suerte, utilizo el japonés en el trabajo. Eso me ayuda mucho a conservar la fluidez. Sin embargo, mi japonés se "ha

congelado" desde que dejé Japón, hace 9 años. Si ahora hablo
con alguien en japonés, puede sonar un poco pasado de moda.»

(KAORI MATSUDA, Australia)

Cuando adquieres fluidez en tu segunda lengua, en ocasiones ocurre que los patrones de esa lengua impregnan tu pensamiento y la planificación de lo que vas a decir a continuación. Es posible que digas algo que superficialmente parece propio de tu propia lengua y que pase desapercibido si estás hablando con personas que comparten tu situación lingüística o con hablantes nativos de la lengua mayoritaria, pero que un hablante monolingüe de tu propia lengua no entenderá en absoluto. En este caso, es probable que hayas hecho una traducción literal de una expresión de la lengua mayoritaria sin reconocerla como tal. La situación es todavía peor que la de un hablante nativo de la lengua dominante, que probablemente evitará intentar traducir esas expresiones a otra lengua. El uso de esas construcciones en tu propia lengua las legitimará a los ojos de tus hijos.

Existen pruebas que sugieren que no es posible expresarse como un nativo en una segunda lengua sin consecuencias para la primera. Major (1990) realizó un estudio entre mujeres americanas que habían vivido en Brasil durante muchos años. Cuanto mejor era su pronunciación del portugués, mayor el efecto en su pronunciación del inglés. Major midió diferencias mínimas en la pronunciación de /t/, /d/ y /k/ en inglés y portugués, tanto en expresión formal como informal. Las mujeres estaban empezando a pronunciar las consonantes en inglés de un modo que no era ni americano ni portugués del todo, casi como si estuviesen desarrollando una tendencia a pronunciar el inglés con acento portugués.

El efecto que una lengua mayoritaria ejerce en la lengua propia de un inmigrante es intrínsecamente no deseado, en especial cuando los inmigrantes intentan transmitir su lengua materna a sus hijos y el objetivo consiste en que éstos sean competentes en la lengua tal como se habla en el país de origen. Sin embargo, incluso la exposición a la lengua nativa alejada de la perfección es infinitamente mejor que nada.

¿CÓMO HACER FRENTE AL DESGASTE DE UN IDIOMA?

Escribimos a la lista de correo de Internet TESL-L (véase el Apéndice D) para profesores de inglés como segunda lengua (que en realidad cuenta con muchos miembros implicados en la enseñanza de inglés como lengua *extranjera*, es decir, en un país donde no se habla inglés) preguntando qué hacían los miembros de la lista para no perder su inglés mientras vivían en el extranjero. De las veinticinco respuestas que recibimos seleccionamos numerosos consejos útiles:

- Varias personas recomendaron escuchar la radio y leer libros y revistas.
- Uno de ellos tenía parientes que le enviaban recortes de periódicos y de revistas con ejemplos de argot y expresiones actuales.
- Uno consideraba que su inglés incluso podría haber mejorado mientras estaba fuera, porque la enseñanza y las traducciones obligan a centrar la atención en el idioma.
- Un estadounidense que se encontraba en Turquía creía que la falta de contacto con hablantes nativos sumada a la enseñanza del inglés había dado como resultado una forma de inglés hipercorrecta (por ejemplo, con una pronunciación muy clara).
- Varias respuestas señalaban el valor de los programas de televisión británicos y estadounidenses como muestras del uso actual.
- Algunas personas recomendaban intentar conocer a recién llegados, que todavía no están bajo el influjo de la lengua mayoritaria, o a hablantes de inglés como segunda lengua

que tienen como primer idioma una lengua que no es la dominante.

- Un estadounidense que ha vivido en Francia durante veinticinco años nos explicó que él intenta pensar como si estuviese en casa; por ejemplo, cuando responde al teléfono, lo hace con la expresión que utilizaría en su país natal. Además, recomendaba contestar en inglés a todo el que nos hable en esa lengua, aunque no lo haga con fluidez y sí con errores: «¡Ahora no estamos en clase!», escribió.
- Otro hablante de inglés que ha vivido en Francia durante más de veinte años nos explicó que no le entusiasmó que alabasen su buen inglés en Canadá. Su recomendación consiste en escuchar la radio y leer, además de llevar un cuaderno de vocabulario para aprender neologismos y anotar metáforas olvidadas.
- Leer libros en inglés en voz alta a los niños y resolver crucigramas son otras recomendaciones, así como leer novelas actuales.
- Muchas respuestas señalaban que ser consciente del problema ya representa la mitad del trabajo.

«Les estoy muy agradecida a mis hijos por permitirme utilizar mi lengua propia a diario. Estoy segura de que, de no ser así, habría salido muy perjudicada. Sólo puedo interpretar la influencia del entorno inglés único (o casi) en mi alemán académico como un indicativo de lo que le ocurriría a mi alemán "particular" si no fuese por ellos.»

(SUSANNE DÖPKE, Australia; autora de *One Parent, One Language: An Interactional Approach*, 1992)

«Mi alemán se ha deteriorado considerablemente debido a que continuamente hablo en inglés. Me di cuenta en 1983, cuando mi padre leyó algo que yo había escrito en alemán. Corrigió toda la sintaxis y la puntuación, además de algunos aspectos de vocabulario. Yo reconocí los errores, que se convirtieron en un claro indicativo de mi pérdida de fluidez en alemán.»

(Hombre alemán que vive en Inglaterra)

Semilingüismo

En ocasiones se utiliza el término *semilingüe* para referirse a individuos, por lo general de una segunda generación de inmigrantes, que carecen de la competencia de un hablante nativo en alguno de sus idiomas. Skutnabb-Kangas (1981) y Hansegård (1975) se asocian con el término «semilingüismo». Se trata del peor panorama que preocupa a los padres que educan a sus hijos en dos idiomas. Romaine (1995, págs. 261-265) explica cómo se desarrolló el concepto en relación con el estudio de las habilidades lingüísticas de minorías étnicas. El semilingüismo implica una comparación con una especie de competencia plena idealizada en una lengua. Romaine expone esta visión en términos de lo que ella denomina «la visión recipiente de la competencia» (1995, pág. 264). Un adulto monolingüe ideal posee un «recipiente lleno», mientras que un adulto bilingüe ideal tendrá dos recipientes llenos; un adulto semilingüe presenta dos recipientes no del todo llenos. Romaine relaciona esta idea con la noción de Lambert (1975) del bilingüe equilibrado, es decir, una persona con conocimientos iguales, aunque no necesariamente plenos, de dos lenguas. La noción de semilingüismo fue rechazada por los investigadores que argumentan que se debe a una visión errónea del desarrollo cognitivo, y en parte por las técnicas empleadas para poner a prueba el desarrollo lingüístico de los niños con dos idiomas. La discusión se ha centrado más en comunidades bilingües que en el tipo de situación bilingüe individual que describimos en este libro.

En general, la noción de semilingüismo es objeto de rechazo. No obstante, resulta muy habitual que los niños que se educan en dos idiomas tengan dificultades en la lengua minoritaria (por ejemplo, acento extranjero, vocabulario limitado, gramática no nativa, etc.). En la mayoría de los casos se debe a la falta de exposición a la lengua minoritaria, y la competencia mejora si dicha exposición aumenta. Algunos de estos niños pueden experimentar ligeros problemas con la lengua dominante, como, por ejemplo, vacíos de vocabulario. No obstante, esas carencias no pueden atribuirse únicamente a la situación bilingüe del niño. La mayoría de los niños encuentran modos de compensar la falta de exposición a la lengua mayoritaria en todo tipo de situaciones: a través del trabajo de clase de lengua, de los contactos sociales o de la lectura. Sin embargo, los niños que rehúsan leer y que no tienen un buen rendimiento escolar por razones ajenas a su situación lingüística pueden quedarse con una competencia en la lengua mayoritaria que estará lejos de parecerse a la de un monolingüe. Por supuesto, es imposible saber cómo habría sido la competencia de la lengua mayoritaria por parte de un individuo si nunca se hubiese expuesto a una lengua minoritaria.

La mayoría de los padres, profesores y lingüistas estarían de acuerdo en que resulta absolutamente esencial que los niños que crecen con dos idiomas conozcan al menos uno a la perfección. En general, se da por sentado que la lengua mayoritaria debe ser, necesariamente, la dominante. Casi siempre es así, y probablemente se trata de la situación más ventajosa para el niño escolarizado en la lengua mayoritaria. Si el niño se educa en el idioma minoritario en casa o en un centro internacional, esa lengua será la dominante. Generalmente se espera que se hable la lengua dominante sin acento extranjero y con una competencia equivalente a la de un hablante nativo monolingüe.

Para algunos jóvenes inmigrantes de segunda generación que viven en barrios céntricos marginados, las cosas no funcionan así:

terminan pareciendo no nativos en sus dos idiomas. Investigaciones llevadas a cabo en Suecia (Kotsinas, 1994) indican que podría estar apareciendo una nueva variedad de sueco: la que hablan los jóvenes que viven en zonas donde los hablantes nativos de sueco son minoría y se utilizan diversas lenguas. El sueco se convierte en una lengua franca, pero dada la existencia de algunos hablantes nativos a los que imitar, la lengua se desarrolla en nuevas direcciones y toma prestadas palabras de los diferentes idiomas de los inmigrantes. Esto no significa que esos hablantes no puedan aprender o no aprendan también sueco estándar.

Para un pequeño número de niños, incluso aquellos que se crían con dos idiomas en circunstancias que parecen favorecer la lengua mayoritaria, la segunda lengua o minoritaria puede influir en la dominante o mayoritaria. Simplemente, los niños con dos idiomas tienen más que aprender. Si se pretende que estos niños posean una competencia satisfactoria de al menos un idioma y, a ser posible, de los dos, tanto ellos como sus padres, e idealmente también los profesores de los niños, tienen que esforzarse. Esos extranjeros bienintencionados que comentan lo maravilloso que es que los niños aprendan una segunda lengua gratis no saben de qué hablan.

Por supuesto, no todos los niños tienen problemas. Muchos padres y profesores consideran que sus hijos y alumnos no se distinguen de otros niños monolingües en su lengua dominante (mayoritaria).

Cambios de circunstancias

Por una razón u otra, las cosas no siempre salen como las hemos planificado. Aunque una pareja piense hasta el último detalle cómo afrontará el desarrollo lingüístico de sus hijos en dos idiomas, las cosas no siempre se producen como se esperaba. La gente se traslada, se divorcia, muere... y los planes familiares se frustran. En algunos casos, los acontecimientos externos hacen estragos en las vidas de los individuos. Por cuestiones laborales o domésticas, una familia puede verse obligada a trasladarse a otro país o a regresar al de origen de los progenitores. Esto significa que quizá tengan que modificar sus planes y sus objetivos con respecto a la adquisición de la lengua de sus hijos. Los progenitores que regresan con su familia al país del que proceden deben decidir si intentan mantener el nivel de competencia de sus hijos (y, de hecho, el suyo propio) en la lengua mayoritaria del país que abandonan. Si su destino es un país con una lengua y una cultura distintas, los padres probablemente intentarán ayudar a sus hijos a que aprendan el nuevo idioma en lugar de tratar de minimizar una lengua que ya no van a necesitar en su vida cotidiana.

Las familias que no vayan a volver a vivir en el extranjero casi con total seguridad quizás intenten mantener el idioma de los niños. Un modo de lograrlo consiste en contratar a una canguro nativa. Conocemos a una pareja de Irlanda del Norte que vivió muchos años en Suecia y finalmente se marchó a Inglaterra con sus tres hijos (todos nacidos en Suecia). No sabían con seguridad si iban a regresar a Suecia algún día, pero querían mantener abierta la posibilidad. Se les ocurrió la brillante idea de llevarse como canguro a una de las ayudantes que trabajaba en el jardín de infancia de sus hijos en Suecia.

DIVORCIO

Las razones por las que una pareja con dos idiomas e intercultural puede entrar en conflicto son innumerables. Además de sus diferencias culturales, la confusión lingüística puede agravar la falta de puntos en común debido a los malentendidos y a las interpretaciones erróneas, así como a la incapacidad de expresarse de manera que el otro capte el mensaje directo y el que se esconde entre líneas. No obstante, los miembros de la pareja empiezan la relación con los ojos abiertos, aunque el amor es ciego. Es posible que sean conscientes de los problemas; la única cuestión es si son capaces de encontrar el modo de vivir con ellos o si permiten que las dificultades de una relación intercultural se impongan a las ventajas.

El fin de una relación puede suponer una tragedia para las personas implicadas. En las relaciones interculturales hay mucho más en juego. Si uno de los miembros de la pareja ha abandonado su país natal para trasladarse al del otro, ¿qué hará si la relación fracasa? Dependiendo de la legislación sobre inmigración del país en cuestión, el miembro extranjero de la pareja podrá o no permanecer en el país. (En Suecia, por ejemplo, los inmigrantes que se casan con suecos obtienen un permiso de residencia permanente a los tres años de estancia; si la relación se termina antes de ese tiempo, deben abandonar el país.) Si el inmigrante puede quedarse en el país de acogida, se enfrenta a un montón de decisiones. Las circunstancias individuales de su situación laboral y la posibilidad de conseguir trabajo en el país natal influirán, posiblemente, en su decisión.

Los verdaderos problemas comienzan cuando hay niños implicados. Probablemente, no tendrán el más mínimo interés en trasladarse al país de origen del padre o la madre y alejarse de cualquier posibilidad de un acceso razonable al otro progenitor. El padre o la madre inmigrante que decide quedarse en el país de su ex pareja tendrá que construirse una nueva vida solo o con sus hijos. Puede convertirse en una tarea complicada si el progenitor nacido en el país es el que se encarga de tratar con las autoridades y de los asuntos administrativos de la familia. No obstante, muchos divorciados nativos se encuentran en una situación similar.

En algunos casos resulta imposible regresar al país de origen: por ejemplo, por haber renunciado a la nacionalidad original para adoptar la del nuevo país, de manera que ya no se tiene el derecho de residencia en el país natal. Otros sienten que su país natal ya no es su hogar porque han estado fuera demasiado tiempo; hay quien procede de culturas en las que el divorcio es un estigma de tal magnitud que una vida en el exilio parece una opción más atractiva. Para los que dejan su país de origen contra la voluntad de sus padres, regresar después del fin de la relación puede ser lo más parecido al fracaso y el desprestigio.

Los hijos de una pareja que vive con dos idiomas y que se divorcia se enfrentan a más problemas. Si el progenitor que habla la lengua minoritaria ya no vive con los niños, será difícil que éstos se expongan suficientemente a dicha lengua, sobre todo si el adulto regresa a su país de origen. En muchos casos, ni siquiera los viajes frecuentes al nuevo hogar del progenitor con la lengua minoritaria serán suficientes para que los niños continúen con su desarrollo bilingüe. No obstante, si esos viajes son habituales y de una duración considerable, los niños estarán en disposición de adquirir ambas lenguas y culturas incluso mejor que si sus padres no se hubiesen divorciado. Conocerán las lenguas en el contexto de sus respectivas culturas, y ambos progenitores serán completamente competentes desde los puntos de vista lingüístico y cultural. Los niños vivirán cada idioma y su cultura en el mejor estado posible.

«Mis dos hijos mayores todavía hablan holandés con su padre, al que ven unas seis semanas al año. En casa leemos libros en holandés, y a veces hablo en holandés con ellos. De momento no han perdido la fluidez.»

(GABRIELE KAHN, Oregón)

«Tuve que luchar mucho para conseguir que los niños estuviesen conmigo doce días al mes (cada martes por la noche, y desde el jueves por la noche hasta el domingo por la noche, dos veces al mes). Una de mis principales motivaciones era establecer para ellos un entorno habitual en lengua y cultura inglesas.»

(SEAN GOLDEN, Barcelona)

Si es el progenitor de la lengua mayoritaria el que se separa de los niños, la posición es distinta. El que habla la lengua minoritaria podría tener intención de regresar a su país de origen y llevarse a los niños. El otro progenitor podría oponerse al traslado arguyendo que su relación con los niños sería casi imposible. Los hijos pueden acabar olvidando el idioma si se trasladan a un país en el que no tendrán contacto con personas que lo hablen. Si el progenitor con la lengua minoritaria permanece en el país donde vivía la familia antes del divorcio, se quedará con un hogar monolingüe. En algunos casos, esta situación podría reforzar la competencia de los niños en la lengua minoritaria, pero es poco probable que resulte beneficiosa para los hijos si tenemos en cuenta el poco tiempo que los padres solos pueden dedicarles.

Se dan situaciones en las que los progenitores de la lengua minoritaria se llevan a sus hijos a su país de origen en contra de la voluntad de su ex pareja, aunque no tengan la custodia de los niños. Algunos de estos casos acaban en los tribunales, denunciados como secuestro, y el padre o la madre afectados se quedan muchos años sin ver a sus hijos. Estas rupturas extremas en las relaciones entre padres ocurren sobre todo cuando existen diferencias culturales y religiosas considerables.

MUERTE DEL PADRE O DE LA MADRE

La muerte de uno de los progenitores, especialmente mientras los niños son pequeños, siempre resulta trágica. Además de todos sus efectos, la muerte del padre o de la madre en una familia con dos idiomas puede provocar serios problemas en el desarrollo lingüístico de los hijos, sobre todo si el que fallece es el progenitor con la lengua minoritaria: dicha lengua podría desaparecer de repente de las vidas de los niños. En estos casos, las visitas a los abuelos y los primos que viven en el país de origen del progenitor fallecido resultan de gran valor. Todo depende en gran medida de la edad de los niños en el momento de perder al padre o a la madre.

En el caso de que el progenitor con la lengua mayoritaria vuelva a casarse, cabe la posibilidad de que surjan retos inesperados si la nueva pareja es del país de residencia. Los niños acostumbrados a un determinado tipo de educación y de gastronomía podrían no haberse dado cuenta de la gran influencia que tenía en sus vidas la cultura extranjera del progenitor fallecido. Quizá se sorprendan al verse expuestos a una dosis pura de cultura mayoritaria en casa, y es probable que pierdan el idioma y las costumbres del progenitor que les falta, además de echarle de menos. Casi todas las familias con dos idiomas viven una existencia con elementos de sus dos tradiciones. Es posible que los niños no sean capaces de mantener su lengua minoritaria en su nueva situación, a menos que el otro progenitor se muestre muy motivado para ayudarles.

ADAPTARSE A LOS CONTRATIEMPOS

Algunos niños se sienten frustrados ante la idea de crecer con dos idiomas, como el pequeño protagonista del siguiente comentario:

> «Crecí hablando francés e inglés en Brooklyn, Nueva York. Mis padres hablaban francés en casa, y nosotros aprendimos inglés en el colegio y con los compañeros. Mi hermano intentó criar a sus hijos en los dos idiomas, pero, cuando el niño tenía 4 años, rechazó la idea gritando: "Las palabras se quedan enganchadas en mi garganta, no salen".»
>
> (HELENE OSSIPOV, Arizona)

Los niños con uno, dos o más idiomas pasan por diferentes fases en su uso, igual que en los demás aspectos de su desarrollo. Un problema serio a los 3 años puede haber desaparecido por completo a los tres y medio, sustituido por otro problema nuevo: las fases del desarrollo de los niños no duran para siempre. Los padres del ejemplo anterior dejaron de intentar que su hijo aprendiese francés, uno de los dos idiomas de su padre. Su decisión pudo ser acertada o no: sólo los padres se encuentran en posición de decidir qué es lo mejor para sus hijos. No obstante, existen numerosas formas de ayudar a los niños a superar un problema temporal.

El modo más importante de ayudar a los niños consiste en exponerlos el mayor tiempo posible a los dos idiomas. Otra manera de ayudarlos pasa por ser coherentes con el uso de cada idioma, sobre todo al principio. Al niño le resultará más fácil diferenciar las dos lenguas si existe cierta lógica en su elección. Transcurrido el tiempo, muchos padres perciben que ya no tienen que ser tan coherentes y hablan, por ejemplo, la lengua mayoritaria con el niño cuando hay invitados presentes.

Muchos padres caen en la cuenta de que sus hijos, antes o después, empiezan a responderles en la lengua mayoritaria, incluso cuando les hablan en la minoritaria. No es una razón para rendirse, sólo se trata de un contratiempo menor y pasajero. Existen diversos métodos para frustrar esta intrusión de la lengua mayoritaria. Probablemente, el más efectivo es el que consiste en llevar a los niños a un país en el que sólo escucharán la lengua minoritaria durante una o dos semanas, a ser posible, sin el progenitor que habla la lengua mayoritaria. Por lo general, eso es suficiente para poner las cosas en su sitio y recuperar el diálogo entre hijos y padres en la lengua minoritaria. Aquí ofrecemos otros métodos que consideramos útiles, que pueden o no dar resultado:

- Recordar al niño que hable la lengua minoritaria. Por lo general, los niños son tan impulsivos a la hora de decir lo que tienen en mente que no están dispuestos a tomarse el tiempo o a realizar el esfuerzo necesarios para utilizar la lengua minoritaria, que, probablemente, será la más débil. Un simple aviso puede ser suficiente para animar a los niños a recuperar la lengua minoritaria.

- Repetir lo que acaba de decir el niño, pero en la lengua minoritaria, como si se estuviese corrigiendo y enseñando a un niño mucho más pequeño. Por ejemplo, si el niño pregunta en sueco «Får jag åka och bada med Niklas?» («Can I go swimming with Niklas?»; «¿Puedo ir a nadar con Niklas?») a su madre, con la que «supuestamente» debe hablar en inglés, ésta podría responder: «Do you want to go swimming with Niklas?» («¿Quieres ir a nadar con Niklas?»).
- Una alternativa consiste en rechazar la respuesta del niño hasta que utilice el idioma adecuado. Esta táctica no resulta adecuada para algunos niños y debe utilizarse como un juego, no como una imposición.
- Una variante más delicada consiste en decir en la lengua adecuada algo parecido a: «Lo siento, ¿qué has dicho?». No conviene abusar de este método. Algunos niños se sentirán muy frustrados si no se les permite expresarse en la lengua que ellos mismos elijan. Tal vez sería mejor intentar desgastar la resistencia del niño reaccionando cada vez que utilice el idioma «incorrecto», sin llegar a hacerse pesados y sin negarse a escuchar lo que intentan decir. Los niños necesitan sentir que pueden hablar con sus padres. Tú conoces a tu hijo: haz lo que creas que funcionará mejor.

«Los niños adquirirán la competencia que necesiten, no más, en los dos idiomas. La fluidez lingüística puede aumentar en cualquier momento de la vida.»

(HAROLD ORMSBY L., México)

«Mi único consejo es que cada uno haga lo que le parezca natural. No sigas los consejos de nadie.»

(NANCY HOLM, Suecia)

«Recuerda que puede que algunos niños no quieran ser bilingües. Al fin y al cabo, es una decisión personal. Es posible que les guste saber otro idioma (de todas formas, cuando tienes asimilado un idioma, ya no puedes olvidarlo), pero que no quieran utilizarlo. En general, esos niños preferirán el idioma de la sociedad en la que viven. En algunos casos, puede tratarse de una «fase»; en otros, de una decisión para siempre. En cualquier caso, creo que los padres deben respetar la decisión de los niños.»

(HAROLD ORMSBY L., México)

REDEFINIR LOS OBJETIVOS

Muchos padres se sienten obligados a moderar las expectativas que tenían al principio respecto al desarrollo bilingüe de sus hijos. Si habían previsto un bilingüismo equilibrado con un conocimiento de los dos idiomas y sus culturas propio de un nativo, es posible que descubran que su hijo de 10 años se expresa como un hablante monolingüe en el idioma mayoritario y posee algunos conocimientos del minoritario. Aunque el niño se muestre reacio a hablar la lengua minoritaria, es posible mantener un conocimiento pasivo considerable si el progenitor insiste en utilizar la lengua minoritaria con el niño siempre que sea posible. Estos conocimientos pasivos se podrán incorporar más adelante. Si el niño muestra interés en utilizar la lengua minoritaria, los padres pueden darse por muy satisfechos.

Incluso el habla llena de interferencias de la lengua mayoritaria constituye un logro enorme para el niño, ya que le permite acceder a la parte de su familia que se expresa en el idioma minoritario y a la cultura asociada. En estos casos, los niños poseen el potencial de convertirse en hablantes muy competentes de su segunda lengua, siempre que tengan la oportunidad de utilizarla en

166

un entorno donde sea la mayoritaria. La clave del éxito consiste en no rendirse a pesar de los contratiempos y en adaptarse a los cambios del modo más beneficioso para el niño.

Niños con necesidades especiales

Los planes de los padres pueden verse interrumpidos por otros contratiempos: por ejemplo, que alguno o varios de sus hijos manifiesten una dificultad específica con el lenguaje. Los niños son individuos, y algunos aprenden a hablar más fácilmente que otros. Hay niños con necesidades especiales (por ejemplo, deficiencias auditivas o trastornos del desarrollo). Los padres de estos niños pueden necesitar reevaluar su posición y, quizá, modificar los objetivos que habían establecido de manera más o menos consciente, para el desarrollo lingüístico y general de sus hijos.

A un nivel intuitivo, es posible que creas que los niños nacidos de la mezcla genética de una pareja mixta deberían ser individuos extraordinariamente sanos. Por desgracia, eso no está garantizado: los niños con discapacidades pertenecen a familias de todo tipo, con uno o con dos idiomas. Existen numerosas discapacidades que pueden influir en la capacidad lingüística de los niños: por ejemplo, la sordera, el síndrome de Down, la dislexia, el trastorno por déficit de atención con hiperactividad (TDAH), el autismo y otras dificultades del aprendizaje.

En general, los niños sordos aprenden el lenguaje de signos como su primera lengua (por lo tanto, es posible que absorban parte de la lengua mayoritaria, al menos en su forma escrita). Así, estos niños se educan en el bilingüismo: con el lenguaje de signos y con la lengua hablada. En una familia en la que se habla más de un idioma, es posible que sea necesario llegar a algún acuerdo para que el niño sordo se concentre en una única lengua hablada. La adquisición de dos idiomas además del lenguaje de signos probablemente sea un objetivo poco realista si se carece de la facultad de oír. La familia tiene que decidir cuál de las dos lenguas habladas va a utilizar más el niño. Si la familia no tiene intención de mudarse, la lengua mayoritaria le resultará más útil al niño en su trato diario con los servicios de salud y para las actividades que realice. Si, en cambio, existen planes de trasladarse a otro país en el futuro (por ejemplo, regresar a la tierra natal de los padres), es posible que haya que replantearse las cosas y ahorrarle al niño el cambio de una lengua a otra. Los padres de niños con otras discapacidades se enfrentan a problemas similares.

Ejemplos

Una pareja anglófona vivía en Suecia cuando nació su primera hija, afectada del síndrome de Down. Al principio, tanto el padre como la madre se dirigían a ella en inglés; en el jardín de infancia y en el transcurso de las sesiones de terapia a las que asistía aprendió algo de sueco. La familia tenía planes de regresar a Inglaterra en el futuro, pero decidieron adelantarse para evitar a su hija las complicaciones adicionales del bilingüismo. Estos niños tienen suficiente con enfrentarse a una sola lengua, por lo que es innecesario someterlos a la carga de aprender dos idiomas. Sin embargo, hay familias y niños que no tienen más alternativa que batallar con dos idiomas.

Un niño que pertenece a una familia que vive con dos idiomas (inglesa-sueca) padece autismo. Su retraso lingüístico es considerable en ambas lenguas. A los 2 años sólo utilizaba unas cuantas palabras (mezcladas en sueco e inglés). Cuando tenía 3 años, su inglés dominaba claramente; gran parte del lenguaje lo había adquirido de los vídeos. En realidad, sólo lo utilizaba para comunicarse fuera de la familia; por ejemplo, con sus profesores de preescolar. Ahora tiene 6 años y el sueco ha reemplazado al inglés (hasta el punto de que su nivel es casi el normal de un niño de su edad). Entiende bien el inglés, pero en general responde en sueco. No recibe presión para utilizar el inglés, pero es plenamente consciente de que necesitará hablarlo cuando vaya a visitar a sus abuelos. La familia ha insistido con el método «una persona, una lengua», igual que con sus otros hijos, y ahora todos están satisfechos porque han comprobado que era la mejor solución para él y para todos los demás.

Interpretar las señales

Algunos niños tardan mucho en empezar a hablar, tanto si crecen con uno como con dos o tres idiomas. En algunos casos, el retraso se debe al hecho de crecer en una familia con dos idiomas. Se espera que el niño aprenda el doble, pero con el mismo nivel de estímulo y ayuda por parte de sus padres. En general, el retraso en el lenguaje significa que el niño intenta establecer normas sobre el funcionamiento de las lenguas. No existen pruebas de que este tipo de retraso tenga efectos a largo plazo en el habla del niño.

No obstante, resulta importante mantenerse atento ante la falta de lenguaje o cualquier otro problema de desarrollo lingüístico en los niños expuestos a dos idiomas y revisar su capacidad auditiva y su desarrollo general. No permitas que otros padres te tranquilicen con historias de niños (con o sin dos idiomas) que no empezaron a hablar hasta que eran mucho mayores que tu hijo y que acabaron expresándose a la perfección. Si a *ti* te preocupa el desarrollo lingüístico de tu hijo, llévalo al médico. Si no hay motivo de preocupación, se disiparán tus dudas, pero algunos niños que empiezan a hablar tarde tienen problemas auditivos o del desarrollo. Y cuanto antes se descubran, mejor.

9

Perspectivas de futuro

Motivación

El factor individual más importante en la educación de los hijos en dos idiomas (como en cualquier otra situación de aprendizaje de lenguas) es la motivación. Sin una buena razón, el esfuerzo que requiere aprender un idioma no merece la pena. Los niños, al menos los de determinada edad, necesitan estar motivados para aceptar que se les hable en la lengua minoritaria y para realizar el intento de responder en ese idioma. Los padres necesitan estar motivados: al principio, para acoger a sus hijos en el sistema lingüístico de la pareja, de manera que se exponga de forma sistemática a las dos lenguas, y, más tarde, para asegurarse de que interactúen de forma directa en cada idioma. Tanto los padres como los hijos percibirán que sus niveles de motivación fluctúan. Uno de los progenitores pasará menos tiempo con los niños que el otro; es posible que los hijos no estén en casa gran parte del día... El sistema lingüístico de la familia debe ser lo suficientemente flexible para adaptarse a las circunstancias cambiantes de la misma. Si, por alguna razón, el sistema fracasa (por ejemplo, porque se produce un cambio de país o de ciudad de residencia, porque los padres se divorcian o uno de los dos fallece), es preciso sustituirlo por otro distinto.

Fomenta la propia imagen de los niños como hablantes de la lengua minoritaria

Creer en uno mismo constituye una poderosa herramienta. Los niños que reciben apoyo para utilizar la lengua minoritaria y alabanzas por su competencia no tardarán en verse como hablantes de esa lengua. Por supuesto, es posible que sufran una decepción cuando se den cuenta de que en realidad no se expresan igual que sus compañeros monolingües, pero existen muchas más probabilidades de que deseen comunicarse en la lengua minoritaria si creen que lo hacen bien. Y también puede ocurrir lo contrario: los niños sometidos a continuas correcciones o burlas por sus errores en la lengua minoritaria se mostrarán reacios a utilizarla y se sentirán inseguros de su capacidad para comunicarse con ella. Es muy posible que esos niños den la espalda completamente a la segunda lengua.

Trabaja sistemáticamente con tus hijos

Si tus hijos no reciben ninguna ayuda con la lengua minoritaria en la comunidad o en el colegio, tú puedes intentar apoyarles en casa, pero con métodos académicos. En el caso de los niños en edad preescolar, podrás encontrar libros que permiten a los padres y a los hijos monolingües practicar conceptos como la lectura, la escritura, los números y los colores en la lengua minoritaria.

En cuanto a los niños de 7 u 8 años, se puede trabajar con los materiales que utilizan los alumnos en un país donde se habla la lengua minoritaria. Si encuentras un modo de motivar a tus hijos para que estudien su idioma más débil, este tipo de trabajo puede ser de gran ayuda. Tal vez puedas hablar con profesores de tu país natal y pedirles que te recomienden libros (es posible que tengas que utilizar material para niños un poco más pequeños). La mayoría de los niños con dos idiomas no están al nivel de sus compañeros monolingües en la lengua minoritaria. Si consigues libros pensados para educar en casa, te resultarán útiles. Quizá te convenga establecer unos horarios regulares para trabajar con tu hijo en la lengua minoritaria, como, por ejemplo, un par de horas los sábados y los domingos por la mañana, y un par de horas más las tardes que tenga menos deberes. Si tienes más de un hijo en edad escolar, permíteles que estudien juntos la lengua minoritaria y evita la competencia entre ellos si supone un problema.

Puede resultar complicado cumplir con estas horas de estudio extra en casa si los niños no cuentan con algún tipo de motivación u objetivo. Nosotros hemos tenido éxitos esporádicos en este campo, y en general por propia iniciativa de los niños después de estar en Irlanda o de encontrarse en alguna situación en la que han comprobado los beneficios de poder comunicarse en inglés. Sin embargo, su entusiasmo no tardaba en desaparecer cuando se daban cuenta de lo mucho que tenían que aprender. Conocemos a otras parejas que han conseguido enseñar a sus hijos la lengua minoritaria en casa de forma regular. La importancia que le otorgues dependerá de tu situación familiar y de las inclinaciones y capacidades de tus hijos.

Adolescentes

A medida que los niños crecen, es posible que se muestren menos dispuestos a hablar la lengua minoritaria. Para muchos jóvenes, agradar a los padres ya no es motivación suficiente para realizar un esfuerzo extra o para ser distintos. Si la lengua minoritaria se enseña en el colegio, es posible que tanto los adolescentes que han crecido con ella como sus compañeros aprecien el valor de conocerla, aunque para algunos el hecho de ser mejores que el resto de la clase supone un motivo de vergüenza. Según nuestro punto de vista, una de las principales ventajas de una educación bilingüe y en inglés es que todos los niños de la clase están en el mismo barco (hablar inglés en un entorno así no es «diferente»).

Algunos padres descubren que si bien podían ofrecer a sus hijos el tipo de exposición lingüística que necesitaban para aprender a hablar la lengua minoritaria cuando eran pequeños, llega un momento en el que ya no son capaces de desarrollar más el idioma. El nivel de competencia lingüística que se espera de un adulto joven es mayor que el que resulta posible conseguir en un entorno donde la lengua está representada por uno de los progenitores o por unos cuantos hablantes. Para que los jóvenes sigan avanzando en sus conocimientos será preciso que contacten con otros hablantes. Algunos de esos contactos pueden ser unidireccionales, por ejemplo, a través de la palabra escrita en periódicos, revistas y libros, o de programas de radio y televisión en la lengua minoritaria. Existe la posibilidad de suscribirse a algún periódico o revista, o consultarlos en Internet. Se pueden adquirir libros en diferentes idiomas (a través de Internet, por ejemplo) o bien pedirlos prestados en una biblioteca. En cuanto a la televisión y la radio en la lengua minoritaria, existe la opción del satélite, el cable o Internet.

Si un joven que ha empleado la lengua minoritaria de forma activa deja de hacerlo de repente y empieza a responder en la lengua mayoritaria al progenitor que le habla en la minoritaria, merece la pena intentar cambiar la situación. Existen varios métodos que podrían dar resultado:

- ¿A qué piensa dedicarse el joven? Quizás exista algún modo de relacionar la actividad que le gustaría desarrollar con la lengua minoritaria. Los jóvenes que sueñan con ser periodistas, por ejemplo, dispondrán de dos mercados para su trabajo si poseen suficiente fluidez en las dos lenguas. Tal vez puedas ayudar a tus hijos adolescentes a acceder a revistas y periódicos en la lengua minoritaria (por ejemplo, a través de Internet) para demostrarles que existen hablantes de dicha lengua que comparten sus intereses. Si, por ejemplo, tu hijo tiene pensado dedicarse a la economía, el conocimiento de dos idiomas y dos culturas supone toda una ventaja. Un futuro profesor podrá trabajar en un país donde se hable la lengua minoritaria o ayudar a los alumnos con dos idiomas en el país de la lengua mayoritaria. El joven que tiene intención de dedicarse al sector del turismo u otros servicios descubrirá, tarde o temprano, que la lengua minoritaria le resulta útil.

- ¿Cuáles son los intereses de tu hijo adolescente? ¿Es posible ponerle en contacto con adolescentes de un país donde se habla la lengua minoritaria que compartan sus mismos intereses?
- La motivación definitiva para utilizar un idioma es la necesidad de comunicarse. ¿Sería posible enviar a tu hijo adolescente a un país donde se hable la lengua minoritaria? (por ejemplo, para asistir al instituto o a la universidad durante un curso, para trabajar durante un verano, o simplemente para visitar a familiares y amigos).
- En el caso del inglés, nosotros logramos motivar a un niño de 10 años para que leyese libros en ese idioma (con la ayuda de lecturas grabadas) haciéndole saber que podía conseguir dominarlo como un nativo. Además, también mencionamos que ser un hablante nativo de inglés (en combinación con una buena educación general) permite vivir en muchos lugares del mundo.
- Considera la posibilidad de establecer un programa de «sobornos» o recompensas.

Aunque un niño o un adolescente responda en la lengua mayoritaria, todavía queda mucho por ganar si se persevera con la minoritaria, al menos en casa. El hecho de hablar al niño habitualmente en la lengua minoritaria será suficiente, en general, para asegurarse de que posea conocimientos pasivos de la misma. Esos conocimientos pueden convertirse fácilmente en un control activo en caso necesario (por ejemplo, si se presenta la necesidad de comunicarse, como ocurriría en una visita a un país donde se habla la lengua minoritaria). Si el idioma en cuestión no forma parte de la vida cotidiana de la familia, resultará difícil mantener los conocimientos del niño.

No siempre será posible seguir utilizando la lengua minoritaria, sobre todo si el niño ha expresado su rechazo activo. En algunos casos, los padres encuentran que la presión de la lengua mayoritaria es demasiado grande y pasan a utilizarla en casa. En las familias en que la lengua minoritaria se imparte en el colegio, la pérdida no será tan grande (al menos, los niños seguirán escuchándola). En otros casos, la pérdida puede ser total y los niños quedarán al margen de una parte de sus raíces.

IDENTIDAD

La lengua que las personas deciden utilizar puede ser una expresión de su posición. Los adolescentes educados con una lengua minoritaria pueden optar por no hablarla para expresar su independencia de sus padres y su rechazo de los valores paternos. Se ha escrito mucho sobre las dificultades a las que se enfrentan los jóvenes que crecen con dos culturas. En algunos casos acaban sintiéndose como extranjeros en ambas. En general, el objetivo principal consiste en asegurarse de que los chicos se sientan miembros de pleno derecho de la cultura mayoritaria en la que viven. Un objetivo secundario es el de permitirles que se sientan como en casa en el país de origen de uno o los dos progenitores. Si existe una subcultura alimentada por jóvenes de procedencia inmigrante similar, puede suceder que sea ahí donde se sientan más integrados.

Con frecuencia, los niños de parejas mixtas se describen como «mitad y mitad»: se trata de un modo muy negativo de considerar su doble pertenencia lingüística y cultural. Nosotros hemos enseñado a nuestros hijos a considerarse suecos e ingleses, las *dos* cosas. Su parte irlandesa no puede restar importancia a su parte sueca, y viceversa. El problema es que, en ocasiones, les invitan a que representen a Irlanda (en el colegio internacional, por ejemplo, son conocidos como los niños irlandeses). Resulta una carga bastante pesada si tenemos en cuenta el poco tiempo que han pasado y pasan en el país.

A los adolescentes les preocupa encontrar su lugar en el mundo. El hecho de crecer con dos culturas puede darles un poco más en que pensar. La imagen del joven con plena competencia lingüística en dos idiomas y sus culturas no suele corresponderse con la realidad. No obstante, si el adolescente posee conocimientos activos o pasivos de la lengua minoritaria, es posible que pueda llenar los huecos de la cultura correspondiente por haber vivido en otro país durante su infancia. Muchos adolescentes, también monolingües, pasan un trimestre o un año académico en un instituto o una facultad de un país extranjero. Se trata de un excelente modo de que los jóvenes procedentes de una familia mixta o inmigrante se familiaricen con la cultura asociada a su segunda lengua y pongan al día sus habilidades comunicativas.

Algunos adolescentes sienten la necesidad de elegir entre sus dos culturas, necesitan saber a dónde «pertenecen». En algunos casos, se dirigen de forma agresiva hacia la lengua/cultura mayoritaria en el país en el que viven; en otros, sienten una intensa lealtad hacia la lengua minoritaria y su cultura, por lo que estudian más dicha lengua e incluso hacen lo posible por vivir en el país donde se habla. Otros jóvenes aceptan de buen grado que poseen dos orígenes paralelos, dos culturas y dos lenguas. En este caso, el problema consiste en decidir a qué parte se apoya en las competiciones deportivas internacionales.

Hacia la edad adulta

MEJORAR ·LA COMPETENCIA LINGÜÍSTICA

Dependiendo de las circunstancias de su infancia, las personas que crecen con dos idiomas presentarán diferentes grados de competencia en sus dos lenguas. Es posible que, ya de adultos, mejoren sus habilidades lingüísticas. Las personas que crecen con un conocimiento pasivo de una lengua minoritaria pueden convertirse en hablantes activos con sólo una visita al país donde se habla. Algunas incluso descubren que saben mucho más de lo que creían.

Existen personas con muy pocos conocimientos de la lengua minoritaria que sienten el deseo de aprenderla ya de adultos. En algunos casos, esos estudiantes adultos aprenden a hablar la lengua minoritaria con facilidad y con una buena pronunciación.

Aquellos que en su infancia y su adolescencia fueron hablantes activos de los dos idiomas siguen utilizándolos, en muchos casos, en el trabajo o en su tiempo libre. Resulta sencillo dejar que un idioma caiga en desuso si no se buscan oportunidades para hablarlo.

NIETOS

Cuando aquellos que han crecido con dos idiomas se convierten en padres, pueden decidir transmitir o no las dos lenguas a sus hijos. Esta decisión dependerá en parte de la situación lingüística de la familia. ¿Los dos progenitores son competentes en los dos idiomas? ¿Dónde viven? ¿El progenitor que ha crecido con dos idiomas tiene confianza en su capacidad para ser un buen modelo lingüístico?

Es posible que exista presión por parte del abuelo o los abuelos que hablan la lengua minoritaria para que transmitan a sus nietos la segunda lengua. Una abuela que haya dedicado varios años de su vida a ayudar a su hijo o su hija a convertirse en un hablante competente de su lengua propia puede sentirse decepcionada si después no tiene posibilidad de comunicarse con sus nietos en la misma lengua. En algunas situaciones, una posible solución consiste en implicar al abuelo de la lengua minoritaria en la educación lingüística del niño. Si abuela y nieto se ven con suficiente frecuencia (varias veces a la semana desde el primer año de vida del niño), aquélla podrá enseñar al pequeño su lengua materna.

Si el otro progenitor no habla o ni siquiera entiende la lengua minoritaria, puede ser difícil implantar este sistema. En tales circunstancias, es probable que el objetivo de enseñar un segundo idioma a un nieto desde la infancia no compense los posibles roces en la recién creada familia.

Consejos de otros padres

Hemos pedido consejo a otros padres que educan a sus hijos con dos idiomas en diversos países. Sus respuestas son a veces contradictorias y reflejan la situación y la experiencia de cada familia. No existe una solución que funcione para todo el mundo. Quédate con lo que a ti te sirva de los consejos que te ofrecemos a continuación.

«Se parece un poco a alimentar a un niño; ofrécele un variado surtido de experiencias, libros, cintas, amigos, conocidos, viajes, estancias con parientes, de todo un poco. Pero no le obligues a comer.»

(THOMAS BEYER, Estados Unidos)

- Los padres deben dirigirse al niño en su(s) lengua(s) materna(s) en lugar de intentar enseñarle deliberadamente un idioma determinado. Tienen que darse cuenta de que el niño aprenderá la lengua de la comunidad sin que nadie se la enseñe.
- Los padres que se encuentran en esa situación deben exigir su derecho a una educación bilingüe. Si la lengua minoritaria es demasiado minoritaria para que esa opción resulte viable, habrá que hacer un esfuerzo extra para conservarla. Si sólo se utiliza en casa, el niño

nunca desarrollará del todo sus habilidades en esa lengua.

- Escribe un diario sobre el desarrollo lingüístico del niño; anota usos extraños como mezclas y transferencias. Será una fuente de gran diversión en el futuro y te resultará de mucha ayuda para diagnosticar posibles problemas.

«Probablemente, resulta significativo que la mejor amiga de nuestro hijo sea una niña eurasiática "bilingüe". Sin esa compañía, seguramente se habría sentido como un extranjero entre niños monolingües cantoneses.»

(STEVE MATTHEWS, Hong Kong)

«Sed estrictos en la designación de la lengua no comunitaria como la lengua de casa. No cambiéis de idioma. Si uno de los progenitores no es competente en la lengua extranjera, es mejor que se limite a utilizar su idioma. Proporcionad al niño oportunidades de escuchar la lengua no comunitaria (por ejemplo, organizando un grupo de juegos con otras parejas y niños que hablen la lengua que intentáis enseñar a vuestro hijo). Algunos programas infantiles de televisión no están mal; aunque es un medio pasivo, los niños pueden aprender vocabulario nuevo. Leed, leed, y leed cada noche como parte de la rutina de ir a dormir. El hecho de estar en una cultura extranjera hace que la exposición a esa cultura sea automática. No es ningún problema. Resulta importante no transmitir al niño la idea de que una cultura es superior a otra en vuestro esfuerzo de enseñarle vuestro idioma y su respectiva cultura. Conviene mantener un equilibrio para que el niño se sienta feliz y "encaje" en la cultura extranjera. Los niños que crecen con una actitud sana hacia las dos culturas y aprenden a apreciar la diversidad cultural no tendrán mayores problemas para hacer amigos y adaptarse. Sin embargo, no hay duda de que tienden a buscar la compañía de los que hablan la lengua que ellos utilizan en casa. A mis hijas les encanta estar con sus amigos que hablan inglés.»

(Margo Arango, Colombia)

«Compartid vuestra cultura con el colegio de vuestros hijos explicando una lección sobre las costumbres y las tradiciones, y llevad también algo de comida típica. Los niños aprenderán a respetar y entender a los demás. Cuando los niños empiezan a ir al colegio, reciben una gran influencia de la cultura de la escuela. Vosotros debéis formar parte de esa cultura para influir también en vuestro hijo. Nosotros exponemos a nuestros hijos a una amplia variedad de culturas y lenguas a través de ferias, amigos y viajes. Enseñad a los niños vuestras dos culturas y sus idiomas. Llevadles a visitar a parientes. Hacedles saber lo importante que es para vosotros. Explicadles historias de vuestra infancia.»

(Madre de Carolina del Norte)

«Creo que hay que poner a los niños en situaciones en las que no tengan más remedio que comunicarse en la lengua minoritaria.»

(Sean Golden, Barcelona)

«Intentad equilibrar las exposiciones de los niños a los idiomas que estén aprendiendo. Cuanto menos equilibrados sean los idiomas fuera de casa, más se requiere que el entorno familiar contrarreste esa falta de equilibrio concentrándose en la lengua menos utilizada. No cambiéis continuamente. Si se produce una mezcla de idiomas en una conversación o, peor aún, en frases individuales (nosotros hemos sido testigos), los niños optarán por una lengua y se quedarán con ella. Exponedlos a las dos todo lo que podáis, a todos los niveles. Lo ideal sería disponer de caminos paralelos, de manera que todo lo que se experimente en una lengua y una cultura pueda vivirse también en la otra. Obviamente, resulta imposible que eso ocurra en todas las situaciones, pero cuanto más os acerquéis, mejor.»

(CHARLES HOEQUIST, Estados Unidos)

«Yo recitaba rimas infantiles y leía cuentos para los niños, en inglés, cuando eran pequeños. Mi hermana me envió unas cintas con canciones infantiles en inglés que ponía como música de fondo mientras los niños jugaban. Ellos imitaban los sonidos, lo que significa que estaban adquiriendo fonemas ingleses. Creo que este tipo de refuerzo "pasivo" puede resultar muy útil. La música estaba allí, de fondo, sin ninguna coacción ni exigencia. Hice lo mismo con canciones irlandesas y también las imitaban.»

(SEAN GOLDEN, Barcelona)

«• Coherencia total en todas las situaciones (siempre se puede recurrir a las explicaciones y las traducciones).
• Insistencia en que el niño utilice la lengua minoritaria; se crea una necesidad similar a no ser entendido y se elimina cualquier otra posibilidad, como es normal en el aprendizaje monolingüe.
• Crear un entorno lingüístico variado a través de juegos, libros, vídeos, canciones... con la mayor cantidad posible de materiales (algunos son difíciles de conseguir).
• Mostrarse positivo sobre el progreso lingüístico del niño (por mínimo que sea) y transmitirle un sentimiento

positivo sobre su bilingüismo (por ejemplo, caprichos que sólo tienen los niños que hablan alemán porque forman parte de la cultura alemana; argumentos positivos de ser bilingüe: "¿Qué es mejor: un trozo de chocolate o dos?"; imitar las reacciones a los comentarios negativos de los compañeros cuando se produzca la situación, etc.).»

(SUSANNE DÖPKE, Australia)

Conclusión

Algunos padres deciden no hablar su idioma con sus hijos por razones muy diversas. Otros realizan el intento de utilizar su lengua con sus hijos, pero acaban tirando la toalla debido a las presiones: de los propios niños, de sus parejas o del mundo ajeno a la familia. Y otros ni siquiera llegan a empezar. No obstante, en todos los países existen niños que crecen con dos idiomas que sus compañeros no utilizan. Sus situaciones familiares son muy diversas y las lenguas implicadas incluyen casi todas las que existen. Cuando se conviertan en adultos, algunos de esos niños no se distinguirán de sus compañeros monolingües en ninguno de sus dos idiomas; otros sólo llegarán a dominar uno de los dos.

En resumen, la cuestión de otorgar o no a los hijos el don de dos idiomas, y cómo hacerlo, está en manos de los padres. Aunque criar a un niño con dos idiomas no es difícil, requiere un compromiso y perseverancia por parte de los dos progenitores. Como hemos demostrado en este libro, los padres pueden apoyar activamente a sus hijos en su desarrollo en ambas lenguas. No obstante, el factor más importante por parte de todos para lograr el éxito es la *motivación*.

¡Buena suerte!

Apéndice A

Organizar un taller sobre la educación de los niños con dos idiomas

El taller tiene tres objetivos principales:

1. Reunir a padres, profesores y demás personas de la comunidad interesadas en la educación con dos idiomas de los niños para conocerse y poder intercambiar experiencias y consejos.
2. Establecer contacto con los representantes de las autoridades locales y los centros educativos para tratar cuestiones relacionadas con la situación de los alumnos que hablan una lengua distinta en casa y que podrían necesitar apoyo en la lengua mayoritaria.
3. Desarrollar ideas para favorecer la formación de los niños en dos idiomas y, a ser posible, iniciar los contactos necesarios para poner en marcha grupos de lenguas minoritarias que permitan a los niños conocer a otros que hablen su mismo idioma (por ejemplo, grupos de los más pequeños, grupos de juegos o escuelas de los sábados).

El taller está diseñado para ocupar una sesión de tarde-noche, con la opción de continuar si hay suficientes personas interesadas. Un posible programa sería el siguiente:

19.00	Llegan los participantes, se apuntan (para poder recibir información sobre otras reuniones y grupos que vayan surgiendo), eligen un tema de interés para debatir, pagan la entrada (en caso necesario) y toman asiento.	Prepara varias hojas con espacio para 8 o 10 nombres en cada una. Estas páginas deben llevar un título que haga referencia al tema tratado. Por ejemplo: ¿Cómo podemos optimizar el desarrollo lingüístico de nuestros hijos?, ¿Cómo podemos ayudar a nuestros hijos a apreciar sus dos culturas?, ¿Cómo pueden mejorar los padres inmigrantes sus conocimientos de la lengua mayoritaria?, ¿Cómo podemos sacar el máximo partido de nuestra estancia en este país?, ¿Cómo podemos ayudar a nuestros hijos con los deberes en la lengua mayoritaria si no la conocemos bien?, ¿Cómo podemos obtener el máximo partido de un matrimonio intercultural o con dos idiomas?, etc. Seleccionad los temas según los intereses de los participantes. A medida que la gente vaya llegando, pídeles que elijan el tema que desean tratar y escribe su nombre en la hoja correspondiente. Todo el que quiera apuntarse en el mismo grupo debe anotar su nombre en la misma hoja. Entrega a cada participante una etiqueta para que pueda escribir su nombre y colocárselo en la solapa o en un lugar visible. También puede indicar en la etiqueta si es padre, profesor, etc.
19.15	Introducción y presentación; preguntas de los participantes.	El portavoz debe ser una persona que pueda hablar con conocimiento de causa sobre bilingüismo, relaciones interculturales, adquisición del lenguaje de los niños y/o aprendizaje de una segunda lengua.
20.00	Formación de grupos según el tema elegido.	Cada grupo cuenta con un líder nombrado por la persona que organiza el encuentro. Si es posible, se pueden servir tentempiés mientras se van formando los grupos.

20.15	Los grupos debaten sobre el tema elegido. También se pueden aportar ideas relacionadas con él.	Se tratan los problemas asociados con los temas y, si es posible, se apuntan soluciones y se comparten experiencias. En la medida de lo posible, los líderes intentarán que no se pierda el fondo de las cuestiones tratadas. Deben asegurarse de que todos expongan su opinión. Tomarán notas y/o trazarán un mapa mental de las posibles actividades de aportación de ideas. Si el grupo completo o algunos de sus miembros desean volver a reunirse para organizar una actividad regular (por ejemplo, un grupo de juego en español, un club de padres que hablan francés, etc.), es el momento de ponerse de acuerdo.
21.00	Se reúnen de nuevo todos los participantes.	Es preciso elegir a una persona con la que poder contactar. Los líderes exponen lo que se ha hablado en cada grupo e informan sobre las actividades futuras que los participantes desean organizar.
21.30	Debate con los portavoces, un representante de los que dirigen el grupo y una pareja de padres bien informados.	El tema del debate podría ser «Crecer aquí con dos idiomas». Se deja que cada participante hable sin interrupción durante 5 minutos, por ejemplo, y después se pasa a otra intervención. Hay que abrir el debate al resto de los participantes cuando se considere oportuno. La discusión puede continuar hasta que todos los participantes hayan expresado su opinión.
Final		La persona encargada de la organización puede terminar la sesión con unas breves palabras y, tal vez, sugerir otro taller para el futuro.

Si la organización del taller está a tu cargo, debes resolver los siguientes detalles:

- Piensa en personas que te gustaría que hubiesen participado en el taller y llega a algún acuerdo con ellas. Necesitas un portavoz (por ejemplo, un investigador o un profesor) y alguien que pueda aportar una perspectiva totalmente distinta para el debate final: tal vez un político local. Acuerda las fechas con los contertulios.
- Busca un lugar adecuado. Aunque resulte difícil calcular cuántas personas van a asistir, intenta que todo el mundo pueda sentarse, escuchar a un orador y después formar grupos para debatir y compartir un tentempié.
- Si tienes que pagar por utilizar la sala, o para contratar a los oradores, tendrás que cobrar entrada. Asegúrate de no quedarte sin fondos. Quizás este tipo de actividad pueda beneficiarse de alguna subvención.
- Reúne y prepara a los líderes. Aparte de resultar de gran ayuda (para cobrar la entrada, repartir las etiquetas para los nombres, servir café, etc.), tendrán que moderar el debate en grupo y estar preparados para informar a todos los demás participantes.
- Prepara té, café y unas galletas o el tentempié que se ajuste a las costumbres de tu país. También necesitarás etiquetas para escribir los nombres, bolígrafos, papel y un retroproyector (y quizás una grabadora para los ponentes si no disponemos de lo indicado anteriormente).

Apéndice B

Métodos para reforzar el desarrollo del niño en dos idiomas

Grupos de padres e hijos

El objetivo de este tipo de grupos consiste en facilitar que los padres que hablan la lengua minoritaria y sus hijos en edad preescolar conozcan a otros niños y sus padres con el mismo idioma y se reúnan para cantar y jugar. La mayoría de los grupos se reúnen una vez a la semana durante dos horas, aproximadamente, aunque es posible buscar otros formatos. Si la comunidad de la lengua minoritaria es muy numerosa, es posible que las reuniones tengan que ser más frecuentes: no todo el mundo puede acudir a todas.

¿QUÉ NECESITAS?

La mayor prioridad consiste en investigar el tema económico. Es posible que las autoridades municipales dispongan de algún tipo de subvención para estas actividades, o incluso que pongan un local a disposición de los grupos. Si no es así, encontrar un lugar adecuado se convierte en el siguiente problema. Tendrás que pedir prestados los juguetes o bien comprarlos y guardarlos en la sala que utilicéis. Algunos centros sociales e iglesias cuentan con sus propios grupos de juego o con zonas destinadas al juego. Quizá puedas utilizar una de esas salas y pedir prestados los juguetes sin tener que pagar demasiado (o incluso de forma gratuita). El local elegido debe contar con lavabos.

En ocasiones resulta difícil unir a un grupo de padres e hijos. En el Capítulo 6 («Crecer en un hogar bilingüe: cuidados prácti-

189

cos»), en el apartado «Contactos», encontrarás algunos consejos para conocer a otras familias con la misma lengua minoritaria. El taller descrito en el Apéndice A ofrece un buen modo de conocer a otros padres en la misma situación. Considera la posibilidad de anunciar tu grupo de juegos: en tiendas, centros de oración, jardines de infancia, clínicas, etc., o en un periódico local.

Si el hecho de compartir unos tentempiés da buenos resultados, os podéis turnar para que en cada reunión una pareja distinta lleve algo de comer y beber (prepara una lista de turnos para que los padres se puedan apuntar). En cada reunión, la pareja encargada será la responsable de llegar antes y prepararlo todo, y de quedarse al final para recoger. Si el grupo es muy numeroso, es posible que se necesiten dos parejas cada vez. Estos mismos padres pueden desempeñar el papel de líderes del grupo si se considera necesario, aunque habitualmente las cosas transcurren según un orden más o menos establecido. Algunas actividades necesitan preparación.

Los niños más pequeños, en edad preescolar, no siempre se muestran dispuestos a una excesiva organización y prefieren jugar con los juguetes, sin más. Si los padres se implican en los juegos, se asegurarán de poner en marcha una rica comunicación lingüística. Las canciones, los juegos con los dedos y los cuentos sencillos son las únicas actividades estructuradas que pueden seguir los menores de 3 años. Arnberg (1987) aporta un ejemplo de un posible orden en este tipo de grupo: consiste en juego libre con muñecas o coches, juego activo con canciones, hablar sobre un tema con la ayuda de imágenes, comer algo, juegos con canciones y dedos, dibujar o modelar con arcilla y un cuento, con quince o veinte minutos para cada actividad. Si algunas actividades no están al alcance de los niños, no supone ningún problema: los padres podrán ponerlas en marcha de algún otro modo. Por ejemplo, los más pequeños pueden jugar más tiempo con los juguetes mientras los mayores dibujan.

Aspectos que tener en cuenta:

190

- Convendría que el grupo fuese de al menos diez niños para evitar quedarse sin participantes en caso de que alguien deje de acudir o no pueda asistir a varias sesiones seguidas.
- En general, no resulta acertado que el niño acuda con el progenitor que habla la lengua mayoritaria, a menos que entre ellos utilicen la minoritaria. Para evitar confusiones, en los encuentros del grupo se evitará totalmente la lengua mayoritaria.
- El grupo busca el beneficio de los niños: no es una reunión para que los padres charlen. Si se los deja solos, es muy probable que los niños de estas edades acaben utilizando la lengua mayoritaria o jugando aparte, en silencio. Los padres deben jugar y hablar *con* los niños para estimular su uso de la lengua minoritaria.

Grupo de juegos en la lengua minoritaria

La diferencia entre los grupos de padres e hijos mencionados en el apartado anterior y este tipo de grupo es que en este segundo caso los padres dejan a sus hijos a cargo de un profesor o una persona encargada. Por ello, este tipo de grupo resulta más adecuado para niños de entre 3 y 6 años. En algunos países, la escolarización comienza en ese período, en cuyo caso convendría buscar una alternativa. Si se logra reunir a un grupo de niños de estas edades, puede suponer un buen empuje para su empleo de la lengua minoritaria. Por supuesto, el éxito de este tipo de actividad está casi por completo en manos de la profesora (suelen ser mujeres) o encargada. Ésta tendrá que ser competente e inspirar confianza a los niños, que no la conocen, y a sus padres. Muchos niños, en especial los más pequeños, se negarán a quedarse en un grupo de este tipo; las profesoras prefieren que los padres no estén presentes. Algunos niños pueden necesitar un período de adaptación en el que uno de los progenitores esté cerca, por ejemplo, en otra sala. ¿Qué pueden hacer los padres para entretenerse durante la espera? ¿Qué tal jugar al Scrabble o resolver crucigramas en grupo, o formar un círculo de lectura para leer libros en la lengua minoritaria y celebrar después un debate? Todas estas actividades favorecen el mantenimiento del idioma por parte de los padres.

Dependiendo del número de participantes y de sus edades, la profesora quizá necesite ayuda. En algunos grupos, los padres se turnan para ayudar a la profesora, aunque esta solución no siempre da buenos resultados y posiblemente sea mejor contratar a una ayudante especializada. En general, este tipo de grupo resulta más caro para los padres, a no ser que las autoridades locales lo subvencionen: es preciso pagar a la profesora y a la ayudante, además de tener que abonar el alquiler de una sala y los juguetes, el equipo y el material utilizado. Por lo general, estos grupos se reúnen una tarde por semana, pero si el presupuesto de los padres alcanza para dos tardes, mucho mejor.

LISTA PARA LOS ORGANIZADORES DEL GRUPO DE JUEGOS

La persona que organice el grupo debe ocuparse de los siguientes puntos:

- Fondos: ¡hay que equilibrar las cuentas! ¿Cuánto cuestan el alquiler del local, el equipo y la contratación de las profesoras? Averigua si existen subvenciones. ¿Cuánto deben pagar los padres?
- Ubicación: ¿dónde se puede celebrar el grupo de juegos?
- Contratar a una profesora. Tendrá que ser hablante nativa de la lengua minoritaria, pero conocedora de la cultura mayoritaria, en la que la casi todos los niños han vivido desde su nacimiento. En una ocasión contratamos a una profesora americana recién llegada para un grupo de juegos en inglés en Suecia; intentó hablar a los niños sobre *Star Trek*, una serie que nunca había emitido la televisión sueca.

- Reunir a un grupo de niños; a ser posible, un mínimo de doce. Los niños monolingües de la lengua minoritaria resultan de gran valor en el grupo porque ayudan a evitar que los demás utilicen la lengua mayoritaria.

Escuela de los sábados

Cuando los niños empiezan el colegio, ya no les queda demasiado tiempo libre: muchos practican actividades como fútbol, ballet o ajedrez, además de jugar con los amigos o con videojuegos, y de hacer los deberes. Es muy posible que una mañana o una tarde extra en el colegio no les apetezca demasiado. No obstante, si la comunidad de la lengua minoritaria es suficientemente numerosa, tal vez sea posible reunir a un grupo de niños para que estudien dicha lengua. En muchos países no existe apoyo para la enseñanza de la lengua minoritaria a los niños que la tienen en casa, de manera que queda en manos de los padres decidir si sus hijos se alfabetizan en esa lengua o no. A muchos padres les resulta más sencillo enseñar a sus hijos el idioma minoritario si es en compañía de otros niños.

Lo ideal sería contar con la ayuda de un profesor cualificado, pero si eso no es posible, los padres pueden hacer una puesta en común de los recursos de que disponen. Tendrán que reunirse y decidir qué desean obtener de la escuela de los sábados (o de cualquier otro día de la semana): por ejemplo, no será lo mismo si se tiene intención de matricular a los niños en un colegio del país de origen que si lo único que se espera es que logren una competencia lectora razonable para poner a su alcance el mundo de la literatura infantil en la lengua minoritaria. ¿Van a aprender a escribir en la dicha lengua minoritaria? En ese caso, existen materiales y apoyo de organizaciones y grupos dedicados a la educación en casa. Si no se tiene acceso, los padres pueden contactar con colegios y profesores de su país de origen en busca de consejo sobre materiales y métodos.

Los aspectos prácticos de la organización de una escuela de los sábados no difieren de los de los otros grupos: hay que buscar recursos económicos, pero es posible que no existan; se necesita un local, pero no juguetes. Si van a participar muy pocos niños, quizá sea posible organizar las reuniones en casas particulares. Es preciso contratar a un profesor si los padres no se encuentran en disposición de enseñar el idioma, y habrá que comprar libros y material de escritura.

Los niños en edad escolar son capaces de tomar sus propias decisiones en muchos campos. Es posible que los padres tengan que realizar algún esfuerzo con el fin de motivar a sus hijos para que vayan contentos a la escuela en su tiempo libre. Por muy divertidas que sean las sesiones, leer y escribir se parecen demasiado a lo que hacen los niños en el colegio todos los días. Si no están motivados, no disfrutarán de la actividad y es probable que aprendan muy poco.

¡Buena suerte en todo lo que organices para tus hijos!

Apéndice C

Documentar el desarrollo lingüístico de tu hijo

Las tablas de este apéndice son para ayudarte a seguir la adquisición de idiomas de tu hijo. Haz fotocopias o cópialas a mano con un lápiz y una regla. Si lo prefieres, prepara tus propias tablas en el ordenador. Necesitas, además, un archivo o un cuaderno para anotar todo lo relacionado con el progreso lingüístico de tu hijo. Puedes emplear estas tablas para comprobar si una lengua se queda rezagada con respecto a la otra, algo que se sabe y se espera, aunque las tablas aportan una medida de lo que va ocurriendo y la oportunidad de comprobar si los cambios en la familia, por ejemplo, influyen en el aprendizaje del niño.

Vocabulario

Existen varios métodos para seguir la adquisición de lenguas de tu hijo. Uno de ellos consiste en poner a prueba su vocabulario en diferentes etapas. La tabla 1 sirve para comparar el vocabulario del niño en los dos idiomas. Puedes empezar escribiendo las *primeras* 50 palabras de tu hijo en cada lengua y dejar pasar seis meses hasta el siguiente test. En el caso de los niños de 3 o 4 años, se puede utilizar un libro con imágenes (por ejemplo, de cien objetos cotidianos) sin texto. La idea es que el padre y la madre (o las personas con las que el niño utilice cada uno de los dos idiomas) se sienten por separado con el niño y hablen sobre las imágenes para comprobar cuántos nombres conoce.

En cuanto a los niños más mayores, puedes buscar un libro con muchas imágenes detalladas, a ser posible, sin texto visible en las páginas, o tarjetas con dibujos de objetos cotidianos. Hay que ir aumentando el nivel de dificultad a medida que el niño avance. Prepara varios materiales para cada etapa, de manera que siempre haya *algunas* palabras que el niño conozca en los dos idiomas. Convierte la prueba en un juego y responde siempre de forma positiva, concentrándote en lo que sabe y no al contrario. Utiliza el test como una oportunidad para enseñarle vocabulario nuevo y hablar de palabras que no conoce. Si repites la prueba en cada idioma a los seis meses, comprobarás que el vocabulario del niño ha aumentado.

Longitud de las unidades de habla

Quizá desees documentar y comparar cómo aprende tu hijo a unir palabras en cada uno de los idiomas. Crystal (1986, págs. 139-141) sugiere medir la longitud media de las unidades de habla, una medida utilizada con frecuencia en las investigaciones sobre el lenguaje infantil y en la que conceptos como «la fase de dos palabras en el desarrollo del lenguaje» (cuando el niño utiliza frases de dos palabras, como por ejemplo «Mamá, ven») resultan útiles. La tabla 2 está pensada para su uso con grabaciones sonoras del habla del niño en cada uno de los dos idiomas; alrededor de quince minutos de conversación en cada lengua). En la tabla 2 puedes escribir cien expresiones consecutivas del habla del niño en cada lengua, como «¡Mío!», «Más leche» o «No quiero ir al colegio». Si tienes dificultades para decidir dónde termina una unidad del habla, prescinde de ella. Puedes contar el número total de palabras en las cien expresiones y dividir la cifra resultante entre cien: obtendrás la longitud media de habla. Las expresiones anteriores tienen una, dos y cinco palabras, respectivamente. Hasta cierta edad, puedes seguir la longitud media del habla de tu hijo a medida que va aumentando en cada idioma. Se supone que las unidades más largas constituyen una señal de estructuras más complejas, pero una vez alcanzado cierto nivel, la medida no refleja el desarrollo del lenguaje porque las frases pueden ganar en complejidad y no ser más largas, y viceversa.

Interferencias entre lenguas

Resulta interesante observar las interferencias entre los idiomas de tu hijo; tal vez desees intentar minimizarlas. Observa primero en qué medida se influyen mutuamente los dos idiomas, y comprueba después si algo de lo que estás haciendo contribuye a reducir la mezcla. La tabla 2 también sirve para esta prueba, pero además de contar las palabras en cada unidad de habla, puedes contabilizar las veces en las que el niño utilice un vocablo del idioma «equivocado». Una expresión como «more mjölk» en lugar de «more milk» o «mera mjölk», por ejemplo, se contaría como un 50% de mezcla, tanto si se «supone» que debería ser inglés como sueco. Si cuentas el número total de palabras de cada unidad y el número de palabras de la otra lengua, puedes sumarlas al final y obtendrás una media de las cien expresiones.

Pronunciación

Todos los niños tienen dificultades con la pronunciación de algunos sonidos: sencillamente, unos resultan más difíciles que otros, como, por ejemplo, las palabras con dos o más consonantes juntas: *blanco, práctico, crujiente,* etc.

La tabla 3 tiene por objeto «marcar» la pronunciación del niño. La idea es que detectes los problemas de pronunciación de tu hijo: algunos serán del mismo tipo que podrían afectar a un niño monolingüe, pero otros son atribuibles de forma clara al acento extranjero. Puedes utilizar cualquier material que hayas grabado, pero si quieres que el niño articule un determinado sonido, pídele que lea una frase sencilla en la que esté presente, muéstrale un dibujo de un objeto cuyo nombre contenga el sonido en cuestión, o pronuncia frases con el sonido y pídele que las repita. Puede resultar muy complicado detectar las dificultades de pronunciación de los niños mientras se habla con ellos, pero si escuchas una grabación las distinguirás claramente. Tal vez desees ayudar a tu hijo a practicar los sonidos que le resulten más difíciles.

En ocasiones, los niños con dos idiomas hablan la lengua minoritaria con un acento como el de los hablantes de la mayoritaria cuando se expresan en la lengua débil. Esto significa, probablemente, que el niño utiliza algunos de los sonidos más próximos de la lengua mayoritaria en lugar de los sonidos de la minoritaria; incluso podría estar siguiendo las reglas fonológicas de la lengua mayoritaria. Así, por ejemplo, un niño que vive en España y habla español y francés puede tener dificultades para pronunciar una palabra francesa que empiece con <sp>, como *sport* —pronunciará *esport*— o un niño que habla sueco e inglés en Suecia podría mostrarse reacio a pronunciar correctamente el sonido final de palabras como *was* —/z/— y hacerlo como /s/.

El objetivo de este seguimiento consiste en detectar los posibles problemas y comprobar cómo progresa el niño con los sonidos y las combinaciones de sonidos de sus dos idiomas. En la tabla 3 puedes anotar las palabras que el niño intenta corregir y describir qué hace·mal. En la siguiente ocasión, por ejemplo, a los seis meses, prueba de nuevo con las palabras problemáticas. Si la pronunciación del niño ha mejorado, es probable que descubras nuevos problemas que antes no habías apreciado.

Tabla 1. Desarrollo del vocabulario

Fecha: _____ Edad: _____

	Objeto	Lengua 1	Lengua 2	Comentarios
1				
2				
3				
4				
5				
6				
7				
8				
9				
10				
11				
12				
13				
14				
15				
16				
17				
18				
19				
20				
21				
22				
23				
24				
25				

26				
27				
28				
29				
30				
31				
32				
33				
34				
35				
36				
37				
38				
39				
40				
41				
42				
43				
44				
45				
46				
47				
48				
49				
50				

Tabla 2. Longitud media de las unidades de habla e interferencias

Fecha: _____ Edad: _____ Idioma: _____

	Oración	Nº de palabras	Nº de mezclas
1			
2			
3			
4			
5			
6			
7			
8			
9			
10			
11			
12			
13			
14			
15			
16			
17			
18			
19			
20			
21			
22			
23			
24			
25			

26			
27			
28			
29			
30			
31			
32			
33			
34			
35			
36			
37			
38			
39			
40			
41			
42			
43			
44			
45			
46			
47			
48			
49			
50			
51			
52			
53			
54			

55			
56			
57			
58			
59			
60			
61			
62			
63			
64			
65			
66			
67			
68			
69			
70			
71			
72			
73			
74			
75			
76			
77			
78			
79			
80			
81			
82			
83			

84			
85			
86			
87			
88			
89			
90			
91			
92			
93			
94			
95			
96			
97			
98			
99			
100			

Nº total de palabras _____/100 = longitud media del habla _____ Nº de palabras mezcladas _____ *100/nº total de palabras = % de mezcla _____

Tabla 3. Pronunciación

Fecha: _____ Edad: _____ Idioma: _____

	Palabra	Problema
1		
2		
3		
4		
5		
6		
7		
8		
9		
10		
11		
12		
13		
14		
15		
16		
17		
18		
19		
20		
21		
22		
23		
24		
25		
26		
27		
28		
29		
30		

Apéndice D

Recursos en la Red

Direcciones web

Bilingual Families Web Page

<http://www.nethelp.no/cindy/biling-fam.html>

Punto de partida muy útil con información sobre la educación de niños con dos idiomas y abundantes enlaces con otros recursos. Explica cómo conseguir libros, cintas, vídeos y software en árabe, chino, holandés, inglés, francés, alemán, húngaro, italiano, japonés, coreano, lenguas nórdicas, español y portugués. En la página se habla de los mitos sobre el bilingüismo, sobre políticas de bilingüismo y de consejos prácticos para los visitantes.

International Couples Homepage

<http://www.geocities.com/Heartland/4448/Couples.html>

Página para parejas de distintas nacionalidades. Incluye una lista en la que las parejas pueden dar información sobre su caso personal e invitar a otras parejas a contactar con ellas para compartir experiencias.

Bilingual Parenting in a Foreign Language

<http://www.byu.edu/~bilingua/>

El objetivo de esta página se centra en familias en las que ninguno de los progenitores es hablante nativo de la lengua de destino y al menos uno de los dos habla esa lengua con sus hijos. La página también incluye una extensa lista de recursos y referencias que pueden ser útiles para los padres que educan a sus hijos en dos idiomas.

Puntos de encuentro

Lista de correo Biling-Fam Internet

Buena opción para intercambiar consejos con otros padres que crían a sus hijos en diversos idiomas. Está dirigida por Cindy Kandolf, una americana que vive en Noruega. Puedes elegir cómo quieres recibir los mensajes (de uno en uno, a medida que van llegando, o en una especie de boletín con varios mensajes en un solo correo). Para apuntarte a la lista, envía un correo electrónico a:

<biling-fam-subscribe@nethelp.no>

Si prefieres la versión boletín, envía el correo a:

<biling-fam-digest-subscribe@nethelp.no>

The Foreign Wives Club

<http://www.foreignwivesclub.com/>

Comunidad on-line pensada para ofrecer información, recursos y apoyo a mujeres de parejas biculturales. Dispone de un tablón de mensajes on-line, artículos y otros materiales de interés para familias que viven con dos idiomas.

Multilingual Munchkins

<http://www.multilingualmunchkins.com/>

Página que también dispone de una lista de correo asociada. Visita <http://groups.yahoo.com/group/multilingualmunchkin/> para consultar la información complementaria.

ParentsPlace

<http://www.parentsplace.com/>

Página sobre crianza de los hijos en la que se puede debatir sobre los niños con dos idiomas. El chat «Bi-Lingual Children» tenía muchos temas de debate interesantes cuando nosotros lo visitamos.
<http://pages.ivillage.com/robinshe/bilingual/> es la página web asociada con el tablón de mensajes de ParentsPlace.

Kids Bilingual Network

<http://hjem.wanadoo.dk/~wan42942/frameset.html>

Proporciona información para ayudar a padres de niños bilingües o multilingües a contactar con padres en situaciones similares.

Material

En algunos países existen problemas relativos al uso de cintas de vídeos compradas en otro país debido a los diferentes formatos. El estándar NTSC para la transmisión por televisión y la grabación de vídeo se emplea en Japón y Norteamérica; en Francia se utiliza SECAM; el resto de Europa, Australia y Nueva Zelanda utilizan PAL. En Suecia, por ejemplo, no hay dificultad para ver vídeos adquiridos en el Reino Unido; en cambio, los vídeos procedentes de Estados Unidos hay que convertirlos al formato correspondiente o verlos en un aparato especial.

Infanaj Kantoj

<http://southern.edu/~caviness/kantoj.html>

Canciones y rimas infantiles en alemán, inglés, francés, ruso, portugués, sueco y galés. Algunas canciones llevan incorporados archivos de sonido para poder escuchar las melodías.

6000 Volkslieder, German and other Folksongs, Genealogy, Ahnen-forschung, Folksongs, Gospel

<http://ingeb.org/>

Página alemana con canciones de treinta y dos países.

Bilingual/ESL Resources

<http://www-bcf.usc.edu/~cmmr/BEResources.html>

El centro de investigación multilingüe y multicultural de la Universidad de Southern California proporciona una extensa lista de recursos. Se dirige principalmente a profesores de inglés como segunda lengua, aunque también incluye recursos útiles para padres.

Librerías en Internet

En Internet abundan las librerías. En su mayoría abastecen al mercado anglófono, pero también las hay en otros idiomas. En general, aceptan encargos de otros países y cuentan con una tarifa fija de precios de envío. Se paga con tarjeta de crédito y los libros llegan unos días más tarde.

- Nosotros hemos utilizado la página <http://www.book shop.co.uk> como una buena fuente de libros en inglés. Nunca han tenido problemas en enviarnos libros a Suecia. Si vives en la Unión Europea, es posible que tengas que pagar impuestos por los libros recibidos desde fuera de la comunidad.
- Amazon es una de las mayores librerías en la Red; cuenta con páginas en el Reino Unido (<http://www.amazon.co.uk>), Alemania (<http://www.amazon.de>) y Estados Unidos (<http://www.amazon.com>).
- Para buscar librerías con materiales en otros idiomas, consulta un buscador, como, por ejemplo, la versión de tu país del catálogo de Yahoo!, <http://www.yahoo.com>. Existe una lista de recursos de todos los países en la página de Bilingual Family.
- World of Reading es una empresa norteamericana especializada en libros, cintas de audio y cintas de vídeo NTSC, así como software en diversos idiomas (<http://www.wor.com/>). Posibilidad de envíos de material a otros países.
- Books Without Borders ofrece libros, vídeos y cintas de audio infantiles en inglés, español, ruso, alemán, francés e italiano (<http://www.bookswithoutborders.com/>). También cuenta con algunos libros bilingües (inglés-francés e inglés-español) para niños.

Glosario

Adquisición de una lengua: Adquirir dominio de una lengua en un entorno en el que se habla de forma natural.

Aprendizaje de una lengua: Adquirir dominio de una lengua en un entorno académico.

Cambio de idioma: Cambiar de una lengua a otra.

Fosilización: Ocurre cuando un alumno de una segunda lengua deja de avanzar en su aprendizaje.

Hablante casi nativo: Individuo que domina tan bien una lengua que los hablantes nativos no detectan rasgos extranjeros.

Hablante nativo: Individuo que tiene el idioma en cuestión como su primera y, por lo general, única lengua.

Interferencia: Efecto que una de las lenguas habladas por un individuo ejerce sobre otra.

L1: Primera lengua.

L2: Segunda lengua.

Lengua dominante: Lengua que mejor domina un individuo.

Lengua extranjera: Lengua aprendida en un ambiente académico y que no es la mayoritaria.

Lengua mayoritaria: Lengua hablada por la mayoría de las personas de un país o una región, por lo general como su única lengua.

Lengua minoritaria: Lengua hablada por un pequeño grupo de personas (por ejemplo, una familia o una comunidad de inmigrantes).

Mezcla de idiomas: Utilizar palabras de más de una lengua en una misma frase.

Primera lengua: Lengua o lenguas que un individuo adquiere en su infancia.

Segunda lengua: Lengua adquirida más tarde que la(s) primera(s) en un entorno en el que se habla de forma natural.

Una lengua, un lugar: Sistema familiar que consiste en asociar cada lengua con un lugar y no con una persona. La disposición habitual consiste en hablar la lengua minoritaria en casa y la mayoritaria fuera de casa.

Una persona, una lengua: Sistema de uso de las lenguas que consiste en que dos personas determinadas siempre utilizan el mismo idioma para comunicarse.

Bibliografía

Arnberg, L., *Raising Children Bilingually: The Pre-school Years*, Clevedon, UK, Multilingual Matters, 1987.

Baker, C., *A Parents' and Teachers' Guide to Bilingualism*, Clevedon, UK, Multilingual Matters, 1995.

Bannert, R., «Problems in learning Swedish pronunciation and in understanding foreign accent», en *Folia Linguistica*, n° 18, 1984, págs. 193-222.

—, «Prosody and intelligibility of Swedish spoken with a foreign accent», en C. C. Elert, I. Johansson y E. Strangert (comps.), Nordic Prosody III, documento para un simposio, *Acta Univ. Umensis. Umeå Studies in the Humanities*, n° 59, 1984, págs. 7-18.

Crystal, D., *Listen to your Child*, Harmondsworth, Penguin, 1986.

Cunningham, U., «Temporal indicators of language dominance in bilingual children», en las actas de Fonetik 2003, *Phonum*, Umeå University, n° 9, 2003, págs. 77-80.

Cunningham-Andersson, U., «Native and non-native perception of dialectal variation in Swedish», en K. Elenius y P. Branderud (comps.), actas del XIII° International Congress of Phonetic Sciences, vol. 1, 1995, págs. 278-281.

Cunningham-Andersson, U. y O. Engstrand, «Attitudes to immigrant Swedish: a literature review and preparatory experiments», en *Phonetic Experimental Research, Institute of Linguistics, University of Stockholm (PERILUS)*, n° 8, 1988, págs. 103-152.

—, «Perceived strength and identity of foreign accent in Swedish», en *Phonetica*, vol. 46, n° 4, 1989, págs. 138-154.

Doman, G., *How to Teach your Baby to Read*, Garden City, NY, Dou-

215

bleday, 1975 (trad. cast.: *Cómo enseñar a leer a su bebé*, Madrid, Edaf, 2000).

Döpke, S., *One Parent, One Language: An Interactional Approach*, Amsterdam, John Benjamins, 1992.

Flege, J. E., «A critical period for learning to pronounce foreign languages», en *Applied Linguistics*, vol. 8, n° 2, 1987, págs. 162-177.

—, «Acquisition of prosody in a second language: Grant application to the Public Health Service», manuscrito, Alabama, University of Birmingham, Department of Biocommunication, 1993.

Foster-Cohen, S. H., *An Introduction to Child Language Development*, Londres y Nueva York, Longmans, 1999.

Hanks, P. (comp.), *Collins Dictionary of the English Language*, 2ª ed., Londres, Collins, 1986.

Hansegård, N. E., «Tvåspråkighet eller halvspråkighet?», en *Invandrare och Minoriteter*, n° 3, 1975, págs. 7-13.

Kotsinas, U. B., «The Stockholm dialect and language change», en G. Melchers y N. L. Johannesson (comp.), *Nonstandard Varieties of Language*, acta de Universitatis Stockholmiensis, Stockholm Studies in English, n° 84, Estocolmo, Almqvist and Wiksell, 1994.

Lambert, W. E., «Culture and language as factors in learning and education», en A. Wolfgang (comp.), *Education of Immigrant Students*, Toronto, Ontario Institute for Studies in Education, 1975.

Lenneberg, E. H., *The Biological Foundations of Language*, Nueva York, Wiley, 1967 (trad. cast.: *Fundamentos biológicos del lenguaje*, Madrid, Alianza, 1985).

Major, R., «L2 acquisition, L1 loss, and the critical period hypothesis», en J. Leather y A. James (comps.), *New Sounds 90: Proceedings of the 1990 Amsterdam Symposium on the Acquisition of Second Language Speech*, University of Amsterdam, 9-12 de abril de 1990.

McAllister, R., «Perceptual foreign accent: L2 users' comprehension ability», en J. Leather y A. James (comps.), *New Sounds 90, Proceedings of the 1990 Amsterdam Symposium on the Acquisition of Second Language Speech*, University of Amsterdam, 9-12 de abril de 1990.

Penfield, W., «Conditioning of the uncommitted cortex for language learning», en *Brain*, n° 88, 1965, págs. 787-798.

Romaine, S., *Bilingualism*, 2ª ed., Oxford, Blackwell, 1995.

Saunders, G., *Bilingual Children: Guidance for the Family*, Clevedon, UK, Multilingual Matters, 1982.

—, «An interview with a Turkish-English bilingual», en *Bilingual Family Newsletter*, vol. 1, n° 2, 1984, pág. 3.

—, *Bilingual Children: From Birth to Teens*, Clevedon, UK, Multilingual Matters, 1988.

Scovel, T., *A Time to Speak: A Psycholinguistic Inquiry into the Critical Period for Human Speech*, Nueva York, Newbury House/Harper and Row, 1988.

Skutnabb-Kangas, T., *Tvåspråkighet*, Lund, Liber Läromedel, 1981.

Swain, M. y S. Lapkin, *Evaluating Bilingual Education: A Canadian Case Study*, Clevedon, UK, Multilingual Matters, 1982.

Young, P. y C. Tyre, *Teach your Child to Read*, Londres, Fontana, 1985.